Super Ascension

シリウスの太陽

超アセンション宇宙へのスターゲイト

太日 晃
UMMAC（ウンマック）

明窓出版

シリウス・プロジェクト

エピソード1：サナート・クマラ

＊地球の進化を司るスピリチュアル・ハイラーキー（聖師団）の長。

サナート・クマラの究極の本体については、地球では誰も知らない。

彼は、遥かな宇宙の創始に、一なる至高の根源に最も近いアンダロメダ銀河の中心部からやってきた。

ここの銀河の地球における任務は、長く、つらく、そして最も高度なものになることがわかっていたので、その意識の誕生時から、宇宙のマスター方は、可能な限りの教育を彼にほどこした。

いよいよ、本番のミッションが始まった。それは、約五〇億年かかるものであった。サナート・クマラは、金星を通って地球へ入ってきた。

彼の主なミッションについては、極秘であった。知っているのは、根源神界と、スピリチュアル・ハイラーキーでも最高位の、ごくわずかな側近だけである。

地上では、神界とハイラーキーが予測した通り、長く、苦しい戦いが続いた。

地球神と人類、そして、サナート・クマラの真のミッションとアセンションを遂行させないよう、妨害があったのだ。

そしていよいよ根源神界が動き出し、【時】が来た！

地球時間のＡＤ二〇〇〇年。地球の計画の創始から、五六憶七千万年目である。

根源神界の、プロジェクトＸが動き出した。

それは、地球と人が持つ、無限の力と可能性に関わるものであった。

エピソード２：シリウス――地球防衛軍最前線

シリウスは、この天の川銀河の現在のセントラルサンであり、地球から観ると、宇宙への【スターゲイト】である。

地球があるこの太陽系に入ってくるためには、何人《なにびと》も、このシリウスという関所を通る必要がある。

ゆえに、この安全な太陽系から観れば、シリウスとは、「地球防衛軍の最前線」なのである。

何故、それほどまでして地球を護るのか！？

最も重要なことは、マルヒ中のマルヒの一つであるが、根源神界直系の「皇《すめら》」と呼ばれる存在は、最終的に、シリウスを通して、直接地球に入ってきたという経緯がある（天孫降臨伝説の一部ともなっている）。

さらに、シリウス及び地球防衛軍最前線の銀河連邦ほど、地球と人類を愛してやまない種族はいない！

その理由も、前述の「マルヒ中のマルヒ」にある。皇《すめら》という存在が、地球と人類を深く愛しているからなのだ！　そしてそれを護り、任務を遂行するための創始からのネットワークも存在している！

DNA的には、地球人類の祖先、親神である、銀河中のさまざまな種族が関わっている。

しかし、宇宙史の中で、それらの種族の中には、利己的な目的を持った者たちも少なくなかった。宇宙史、地球史における宇宙戦争の時代である。

読者の皆さんもご存じのように、地球人類のDNAを霊的に退化させる遺伝子操作を行った種族もいた。

そうしたさまざまな思惑の中で、根源神界からの密命を受け、実行部隊となったのが、シリウス種族であった。さまざまな種族が地球に関わり、争っている中で、高度な科学によって密かな操作を行った。それは、ある時期が来ると目覚まし時計のように作動する、DNAの組み込みである。どのような操作をされていても、一定の時期が来ると「リセット」されるプログラムであり、それだけではなく、きたる地球・宇宙の最終最大アセンションに向けてDNAが活性化し、本格始動するためのプログラムである。

そのプロジェクトを、他の種族に知られずに行うのはとても困難であったが、シリウス種族はやり遂げた！　地球と人類の防衛軍最前線として！

この「シリウス・プロジェクト」が密かに行われたのは、地球時間では現在から約二五〇万年前である（関心がある方は、「アセンションの道しるべ」〈リサ・ロイヤル著　ネオデルフィ〉を参照してください）。

これが、「シリウス・プロジェクト」の根幹を成す、重要な部分である。

——そして今こそ、タイムセットされた目覚めの時なのだ！

「地球防衛軍最前線」には、宇宙の高次のあらゆるネットワークが参加している。
宇宙連合。銀河連邦。銀河連合。太陽系連合。インナーアース連合。
上には上があるが、AD二〇〇一年以降は宇宙の高次はワンネスとなっているので、最近ではひとまとめにして「神界宇宙連合」と呼ばれている。

その奥の院は根源神界であるが、表の総指揮官は、宇宙ハイラーキーのトップである、ロード・キリスト・サナンダと、アセンディッド・マスター エル・モリヤである。

そして先述のように、シリウス及びその領域を中心とする銀河連邦が、現在「最前線」となっている。

なぜならそれが、彼ら自身の強い要望であるからだ！ 地球と人類への愛の深さである。

しかしその「最前線」というのは、地球のアセンションを妨害する勢力への防衛に関するのみである。

機構としては、その奥に無限の神界宇宙連合が控えている。

シリウスの裏には宇宙連合。宇宙連合の裏にはスピリチュアル・ハイラーキー。スピリチュアル・ハイラーキーの裏には根源神界、というように。

各々はそれぞれのミッションを展開しており、それらは人類一人ひとりのレベルにまで、密接につながっている。

エピソード3：　シリウスのアセンション

神智学の学徒はご存じだろうが、これまでの地球史において、シリウスは地球進化のシステムの上位機構であった。

さまざまなレベルにおいてそうであったが、例えば、地球ハイラーキーの長はサナート・クマラであり、サナート・クマラのハイアーセルフはヴァイワマスと呼ばれ、シリウス・ハイラーキーの長であった。

そしていよいよ、根源神が定めた『時』がやって来る。それはここの宇宙の宇宙史において、最終・最大のアセンションという時である。

エピソード2でも述べたように、地球に関する重要なミッションを遂行しながら、無論、シリウス領域そのものも、自らのアセンションを行っていかなければならない。

それらは、宇宙全体の動きに合わせて段階的に行われていったが、容易なことではなかった。

なぜなら、「先鋒」と「しんがり」を同時にこなしながらの任務のようだったからだ。

さらに、今回の宇宙レベルの最終・最大アセンションの根本に関わるもっと深遠な問題もあり、他の宇宙領域の種族にも、同様の問題となっていた。

それは、一なる根源への帰還。そしてすべての統合。

なぜそれが問題であるかというと、神界系の種族と違い、天界系や高次の宇宙存在は、もともと一なる神界の根源の光に源を発し、そこから分光した、一つひとつの「光線」そのものであると言えるからである。それが存在であり、働きであり、ミッションであったからだ。

天界・宇宙系の各種族にとっては、これまでの在り方が、役割とはいえ、あまりに固定化され、細分化されていることが大きな問題であった。

さらに深遠な領域に踏み込むと、それらに関わるすべての焦点は、地球と人類、特に「ヒト」(霊止)に集約される。

しかし、そのことに真に気づいている存在は少ない。

すべての高次も、根源神界によって「神のひな型」として創造された「ヒト」を通して、すべてが統合されるということを!

そして「ヒト」にとっても、すべての高次を通して、アセンションという「統合」が成るということを!

ゆえに、AD二〇〇一年に、マクロ宇宙(進化したいくつもの宇宙が合体・融合して創造される、新しい超宇宙)レベルにおいて、アセンションした新マクロ宇宙(NMC《ニューマクロコスモス》)の最高評議会を中心とし、全高次がワンネスとなったのである。

そこで、宇宙のすべての領域のさまざまな高次や種族は、根源神界及びNMC評議会と一体となり、一丸となって、宇宙と地球と人類のアセンション・プロジェクトを進めてきた。

シリウス領域も例外ではないが、「地球防衛軍最前線」がもともと困難なミッションであるのに加え、独特なエネルギーと文化も相まって、その推進は、簡単なものではなかった。

シリウスの最も大きな特徴とは、一言で言えば「青」の光線であり、波動そのものであるということである。

それは、宇宙における高次の科学のエネルギーであり、芸術のエネルギーでもある。

（補色として青と対になるのはバラ色なので、潜在的にはシリウスは情熱的な愛の種族でもある）

こうした問題により、シリウス領域の高次のアセンションが今ひとつ芳しく進行しない中、根源神界が静かに動き出した！

それは主に、シリウス領域において中心となる恒星のシリウスA、B、そしてCに関わるものである。（＊註：シリウスCは白色矮星《わいせい》であり、地球の科学ではまだ観測できない。ゆえに地球では現在、シリウスの太陽はAとBの二連星であるとされている。実はDもあるのだが、これはブラックホールである）。

実は、「このシリウスC」が最も重要なのである。ゆえにこれまで隠され、護られてきたのだ。

シリウスAとBの太陽は「青」の光線であり、シリウスにおけるスピリチュアル・ハイラーキーの中心を成す。

そして「シリウスC」とは……！　実はこれこそが、『皇《すめら》』の根源、一なる根源神界とつながっているポータルなのである！　一なる根源神界のエネルギーは、この「シリウスC」を通って流入し、そして根源の『皇』も、ここを通って来たのである。そして宇宙の高次の女性性、弥勒神界のポータルでもある（日本神話で太陽神と呼ばれる存在たちも、ここの銀河の創始におけるオリオンのセントラルサンから、このシリウスCを通って来たのだ）。

宇宙創始以来、沈黙を保っていた「シリウスC」。別名、マルテン、マルチョンの星。秦《ハタ》の星。弥勒の星。

それがいよいよ、動き出した！

その始動による根源神界のオペレーションの一つが、本書にも書かれている、二〇〇八年十月のプロジェクトである。すなわち、根源神界からのエネルギーを、シリウスCに属する神界の母船を用いて変圧し、地球に流入させるというものであった。

その他にも、地球・宇宙レベルの風水師、及び宇宙連合と協働しての地球の地殻変動対策、火山活動対策等、枚挙に暇がない。

シリウス、及び銀河連邦は、最後の瞬間まで地球防衛軍の最前線であり、「先鋒」と「しんがり」

を務めることを決意している。

そして今回、すべての意味における宇宙・地球の最終アセンション＝《イコール》ライトワークのために、宇宙史を通して準備をしている。そのため、高次から地球に入ってきたライトワーカーの目覚めが日増しに増えている。

高次から地球に入ってくる時には、必ずシリウスを通るので、シリウスと無関係の存在はほとんどいないと言えるだろう。

ゆえに、一見、ハイアーセルフ・ネットワークの動きであるとしても、地上セルフにとっても他人事ではないのである！

エピソード4：　シリウスの太陽

根源神界の介入により、すべてが静かに動き出している！

そして、二百五十万年ぶりの、第二の大きな「シリウス・プロジェクト」も始まった！

それは、壮大なプロジェクトである。そこには、シリウス領域のアセンションのみならず、この銀河系全体のアセンションがかかっているのだ！

それは、アンドロメダ銀河と、ここの天の川銀河の《統合》プロジェクトである！

このプロジェクトの成就により、銀河レベルでの高次の女性性と男性性の統合が成り、銀河レベルでの高次と多様性の統合を、銀河の全種族が行っていけるようになるのだ。

物理的には、星から地球に光（映像）が届くには数百万年かかるが、それは《今》起こっていることなのである！

それは、銀河の遥かな創始から、アンドロメダ銀河の評議会と長老たちにより進められていた。

しかし、アンドロメダ領域は、この宇宙領域では次元と波動が最も高い領域である。

そのレベルにまで、ここの天の川銀河の次元と波動を高めていかなくてはならない。

天の川銀河の創始のセントラルサンはオリオンであり、大御所であるといえるが、中今ではシリウスがその役割である（「はずだった」と言った方がよいかもしれない。その任務に就いた瞬間から、宇宙戦争の歴史が始まったのだ）。


今こそ、その真の役割を果たさねばならない！


銀河のセントラルサンとは、文字通り、銀河の中心であり、その太陽である。

銀河全体のアセンションを牽引していく推進力であり、コックピットなのだ！

そしてそれは今、成し遂げられつつある！！！

根源神界とつながり、ＮＭＣとつながり、かつてのアンドロメダ評議会であるアインソフとつながり、そしてシリウスとつながるアセンション・ライトワーカーとともに！

地球の最後の一人までが、アセンションするまで続く。

――それは、ここの宇宙の宇宙神、地球神、

そしてヴァイワマス、サナート・クマラの「悲願」でもある！――

＊以上は、宇宙を舞台にしたＳＦです。しかし高次のチャネリングができる方にとっては、驚愕するような内容が含まれているかもしれません。なぜならこれは、フィクションでありつつも、真実だからです（中今先生によると、酒を飲みながら読むと、涙と汗が出てくるそうです。そして高次のチャネリングも、酒を飲みながら、汗と涙を流すと出る、シリアス・プロジェクトだということです）。

目次

シリウスの太陽

推薦文

アセンション・ファシリテーター　Ａｉ
（『天の岩戸開き——アセンション・スターゲイト』著者）

本書をお手に取ってくださった皆さま、こんにちは！

謎の国家風水師Ｎ氏こと、中今（白峰）先生からＵＭＭＡＣ《ウンマック》さんに直接、「本を出しなさい！」

というお話があったのは、二〇〇九年六月でした。

二〇〇九年六月というのは、とても重要なターニングポイントの時期で、この時を起点に、さまざまな次元で、重要な展開がさまざまに、本格的に始動しています。

そして今年、二〇一〇年の五月頃、中今先生から、「ＵＭＭＡＣさんの本の推薦文を書いてあげて！」というご連絡をいただいたのです。

では、ＵＭＭＡＣさんについて、他者紹介をさせていただきます。

直接お会いになった方はご存知かと思いますが、皆さん、「中今先生の弟さん！？」とおっしゃいます！（笑）（別名、影武者一号とも！？）

このことが、ＵＭＭＡＣさんを多次元的に最もよく現しています。

それくらい、とてもよく似ているということです。さまざまな意味で！

これは、ハイアーセルフのネットワークやミッションも、よく似ているということでもあります。

人となりを表現しますと……、なかなか一言では言い表せませんね！

まずは、本書を読んでいただくと、エネルギーが分かる方は、ＵＭＭＡＣさんの本質のエネルギーがとても高いということが分かると思います。

そして、本書の「アセンション日記」のように、とても人間的な一面もあります（笑）。お酒、特に神界のエネルギーが入った「御神酒」には底なしで、飲めば飲むほど、ハイアーの神様が飲んでいるのか（！？）、とても高いレベルの神界チャンネルが全開となっていきます！　飲み友達としても、最高に素敵な人です！


そして、とても繊細かつ高度な能力と、ミッションを持っておられます。

例えば、本書の付録１にあります、「スシュムナーのクリスタル化」のワークは素晴らしいものです。ＵＭＭＡＣさんは、地上でも現役の内科医師ですが、アセンションと、高次の医療の役割と、ミッションを担っているとともに、神界とのつながりも強い方です。

ＵＭＭＡＣさんは、二〇一〇年九月に、中今先生からのアドバイスに基づき医院を開業し、本格的なアセンションと高次の医療をスタートさせます。アセンション・ライトワーカーの主治医として草分けの存在、第一号となるのではないでしょうか！

本書は、アセンションとライトワークに関心やつながり、ミッションがあるライトワーカーにとって、とても分かりやすい体験談となっています。

そしてＵＭＭＡＣさんは、多くのライトワーカーと同様に、シリウスとのつながりも強いので、やはりシリウスとのつながりが強いライトワーカーにとって、本書はアセンション・スターゲイトとなることでしょう！　それが、シリウスのプロジェクト、ミッションでもあります。

皇紀二六七〇年（ＡＤ二〇一〇年）九月九日
アセンション・ファシリテーター　Ａｉ

序文

二〇〇七年秋のことです。一つの大きな仕事が終わり、時間的な余裕ができたため、読書をしたくなってインターネットで本を探していました。

その時、「アセンション」という言葉に初めて遭遇したのです。その言葉はこれまでに聞いたことがなかったのですが、何かすごく大切なものであるということが直感的に分かりました。

そこで色々と調べていくうち、ほんの導入部分を知っただけで、驚愕したのです。とにかく、真実をどうしても知りたくなり、それ以降はひたすら情報を集めました。

日常のすべてが、アセンションを中心に動き始めました。そして半年後には、自らが「アセンションをする」、「地球のライトワーカーになる」と宣言しました。その時から、あらゆることが変わっていったのです。仕事、その他の生活のすべてが、思ったとおりに現実化していきました。

過去何十年も体験したことがない、数々の神秘現象や恩寵がたくさんありました。高次元の存在が、『時は満ちた』と、一斉にサポートを開始してくれたのです。

自分自身の内面も日に日に変わっていき、数か月前の自分がすでに自分ではなかった感じがしますし、1年前の自分にはとても戻れません。

私は現役の医師であり、工学を学んでいる科学者でもあります。それゆえに、自分に起きる不可思議な現象を、客観的に考察しながら意味付けを行ってきました。その結論として、すべてが【真実である！】と確証することができました。また、多くの優秀なチャネラーにもコンタクトし、同じ答えが再現性と客観性を以って得られることを、何度も確認してきました。

当初は、リサーチやエネルギー感受能力、ヒーリング能力、チャネリング能力などの開発のために、さまざまな団体のセミナーへたくさん参加しました。そこでは、色々なエネルギーを感じ、それらを活かすことを学べましたが、振り返ってみますと、これらの能力はそれまでは気づかなかっただけで、潜在的に誰もが持っているものであり、開花させるか否かだけのことなのだと分かりました。

そんな中、アセンションの師であるＡｉ先生に出会い、今回の地球・宇宙の最終アセンションと実践について、そのトップ＆コアをトータルで学び、現在、本格的なアセンションを体験しながら、さらなる道を進んでいます。

ハイアーセルフや高次の存在との本格的なチャネリング能力も開花し、高次のネットワークによる、アセンションのための重要なプランやワークにも参加できるようになってきました。

そうした学びと実践の中で、次第に、今生でのミッションも明らかになってきました。それらについては現在進行中であり、すべてを明らかにすることはできませんが、今言えることは、「アセンションの波を創ること」「五次元人へとアセンションし、人々のアセンションをサポートする」などです。

そのためのアクション・プランとして、高次元の統合された医療を展開すること、そこにアセンションの学校を創ること、自身の体験に基づいた本を出版し、真のアセンションについて人々に、より理解してもらうことなどがあります。これらのプランは、ハイアーセルフと高次元界からの要請でもあります。

この本は、自分自身の実際の体験を綴った「アセンション日記」が中心となっています。ごく普通の人間が、いかにして、どのように変容していったのか。本人からの体験談は、読者の皆さまにとっても分かりやすいと思います。

その他、Ａｉ先生とのマル秘の対談で、これまでは明かせなかった神界や天界の情報を公開しつつ、シリウスのプロジェクト・ミッションをお知らせします。この対談は、中・上級レベルのアセンション・ライトワーカーを対象とした内容になっています。熟読されると、アセンションの奥深さとその拡がりについて、より理解ができるでしょう！

本書はアセンションの入門書ともなりえますし、ライトワーカーへのメッセージでもあると言えます。

読まれれば、重要なことを思い出したり、何らかの気づきがあることと思います。

一人でも多くの方がアセンションに目覚め、人類と地球のアセンションに参加し、貢献されることを心から願ってやみません。

皇紀二六七〇年（AD二〇一〇年）九月九日
太日　晃（おおひ あきら）（シリウス名：UMMAC〈ウンマック〉）

＊中今（白峰）先生から二〇一〇年七月に贈っていただいたメッセージです。
「マスター・ドット・ウンマック。これが正式名だ！（笑）」

ドットとは？？　シリウス語でしょうかね？

第一章　ＵＭＭＡＣのアセンション日記

＊文中に出てくる【高次からのメッセージ】とは、主に私、ＵＭＭＡＣとそのハイアーセルフ（高次の自己）を通したメッセージ（チャネリング）であり、さらにアセンション・ファシリテーターＡｉ先生と、Ａｉ先生を通した高次からのメッセージやアドバイスなどの内、公開のＯＫをいただいたものです。高次のソースが変わる時には、エネルギーやニュアンスも変化します。

はじめに

この日記は、ライトワーカーとしての、山あり谷あり、愛と笑いの進化の過程を綴ったものです。空想ＳＦ小説風で、物理次元の社会一般の常識や、既成観念、地上の物理法則を超えているところもありますが、フィクション《作り話》ではありません！　すべて、自分が如実に体験したものであり、検証してきた事実です。

また、文中の【高次からのメッセージ】には、地球や宇宙の進化を司る、高次のスピリチュアル・ハイラーキーのアセンディッド・マスター方のメッセージやエネルギーが、たくさん盛り込まれています。それらは、私自身のアセンションに、真実、とても有用で効果絶大なものでした。

これからアセンションを目指そうと思っている人たち、そしてアセンション・ライトワーカーになりたいと望んでいる人たちにとって、そのエネルギーに触れることはアセンションへのステップのひとつとなりますし、アセンションについてより理解を深め、今後の指標を探求していく時に、有用なアドバイスを与えてくれるものとなるでしょう！

さらに、過去に起きたことが布石となって現在と未来につながっていく。パズルが組み合わさっていくような出来事も、たくさん出てきます。

そのパズルを組み合わせるように読んでみても、面白いのではないかと思います。

ではこれから、皆さんとアセンション体験をシェアしましょう！

ヒーローから「謎の円盤ＵＦＯ」へ

幼児期から小学生にかけての私は、とにかく勉強が大嫌いであった。

一生のうちでこの時期だけは、本当に勉強をしなかった。学校での学習内容が、なぜか幼稚に感じるのだ。やればできるのだが、簡単すぎてバカバカしくて、やらない。バカにしているうちに、逆にわからなくなり、勉強が嫌いになった。嫌いになるとますますやらなくなるので、ますますわからなくなるという悪循環に陥った。その代わり、外で遊ぶことが大好きで、特に昆虫や水の中の生き物を採ったり、自然の中に溶け込んで遊ぶのが好きだった。時代的には漫画、ＳＦ、アニメも流行していた頃で、それらには夢中になった。

そして、漫画の中で、不思議に感じたこと、難しいと思ったことなどには興味を持った。例えば手塚治虫氏の「三つ目が通る」という漫画で三角関数、指数関数、微積分などが出てくると、当然わからないのだが訳もなく異常に興味を持った。そのような原理・法則や高等数学の難しい式が綺麗に見えるのだ。

また、諸星大二郎氏や萩尾望都氏などの、宇宙の神秘や創造性についてのテーマ、そして弥勒とは？　神とは？　というような、難解なテーマの漫画も好きだった。ただそれらになぜ自分が惹かれるのかはわからなかった。

妖怪や怪獣ものも好きだったが、ヒーローもの、特に人類・世界を悪や破局から救うタイプのものが大好きだった。自分の中でのヒーローとは、不思議な力、超能力、絶対的な力を持っている存在であった。逆に言うと、そのような力を持つ者ということが、自分が認めるヒーローの条件だった。「戦えオスパー」、「ビッグX」、「バビル2世」、「デビルマン」、「マジンガーZ」、「サイボーグ009」、などなど……。主人公たちが持つ能力に憧れていた（最初の2つはモノクロなので、年齢が推定されますね！〈笑〉）

怪鳥ロプロス（「バビル2世」に出てくるキャラクター）が夜間に突然やってきて、自分を連れて行ってくれないかなあと本気で思った時期もあった。

普段は弱いものいじめもしたり、いたずら好きの悪ガキだったくせに、ヒーローに対してなぜが異常に体が熱くなり、そのような存在になりたいという、幼いながらの夢があったのだ。

「空飛ぶ円盤」という言葉を覚えたのは、はっきりはしないが幼少の頃だったと思う。物心ついた時から家にあったブリキの円盤のおもちゃを、違和感なく受け入れていた。その円盤は、カラフルなライトが点滅し、種類によっては円盤の中央に宇宙人の顔がかわいらしく乗っかっていて、とても愛嬌があった。

その数年後に「謎の円盤UFO」というアメリカのTVドラマが放映された。悪い宇宙人が地球を侵略し、地球防衛軍のシャドウが、最新のハイテク兵器で迎撃するというストーリーだ。十年先の近未来という設定が、妙にリアルで、恐怖を感じながらも惹きつけられ見ていた。ちなみに同世代の子供のほとんどは、同時刻に放映されていた絶頂期のドリフターズを見ていたから、私は少しどころか、十分に変わった子供であったことは間違いないと思う。

将来の展望を見据える

中学生になると勉強が忙しくなったが、相変わらずUFOものや不思議なものに関心があった。あの独特のオープニング音楽で始まる矢追純一氏のUFO番組、ジョージ・アダムスキーの金星訪問記の本、おどろおどろしい大予言などである。アダムスキーの本には、金星人は地球人のようなヒューマノイド型であり、平和に楽しく暮らしているということが書かれていたが、天文図鑑などで見ると、金星には生命体は存在しないことになっているので、どう解釈したらいいのだろうと悩んだ時期もあった。地球の終末に関する話題も多かった。日本沈没、惑星直列、富士山噴火などなど。そしてこの頃、タイムリーというべきか、「宇宙戦艦ヤマト」というアニメがTVで放映され、それをよく見ていた。地球の危機を救うため、宇宙を旅する内容であった。

その頃、父を亡くしたことによって、将来の仕事を医師と決めた。私は父の仏壇がある部屋で寝ており、父が亡くなってからも半年以上は毎日、深夜に金縛りにあっていた。金縛りが起こる直前は予感があったので、寝ることが苦痛であった。たぶん心配している父が来ていたのだと思う。

医学部進学に強い高校を目指して、必死に勉強を始めた。そのための勉強は、少しも苦痛ではなかった。目標を達成するためでもあるが、勉強をすることによって、「自分が高まっていく」ことを実感した！　そしてそれは、その喜びを得るための勉強でもあったような気がする。

異星人からの情報

努力の甲斐があって、無事に希望する高校へ入学することができた。この頃、『UFOと宇宙』（コズモ出版社）という雑誌で、異星人（確かセムジャーゼ）が、地球が危険な状態にあることを人類に知らせにやってきているという情報を得た。宇宙人については、それまでは地球の侵略者というイメージを持っていたが、今回は友好的な宇宙人である。セムジャーゼによると、宇宙人には、友好的な種族と、侵略の意図を持った非友好的な種族が半々でいると言う。

そして人類の意識の覚醒がないと、このままでは地球がポールシフトに至るというのだ。私は焦った。「地球のこの危機をどうしよう！？　なぜみんな気付かないんだ！」と、一人で舞い上がっていた。そして学校で文集を作る機会があった時に、この異星人からの情報をまとめ、クラスの生徒に知らせた。変人と思われるかもしれないと思ったが、伝えなければならないという使命感もあった。振り返ってみると、この頃よりライトワーカー志望の行動をしていたようだ。

死の恐怖

医学部を目指したが、偏差値不足のため、某国立大学理系学部へ進学した。その間、医学部への再受験を試みるものの、遊びに走ってしまい、挫折。その頃、高橋信次氏の本に出会った。その本はなぜか、大学の図書館にあった。その本により、「手当て」という意味を知って、精神世界とヒーリングに惹かれていった。ＴＭ瞑想も一時かじってはみたが、すぐに眠ってしまい、効果もあまり感じなかったのでやめてしまった。もしその時に続けていたら、もう少し覚醒が早くなったのかもしれない。

そして、国家公務員上級Ⅰ種の受験勉強を始めたが、自分が興味のない勉強であったので、ストレスを感じていた。体にも無理がかかって何度か脳貧血状態で倒れ、ついには頻脈《ひんみゃく》発作から狭心症発作を起こし、夜間緊急入院した。そのまま1ヶ月ほど入院したが、この期間は本当に生きた心地がしなかった。この後また発作が起きて、今度は心停止するかもしれないという恐怖と不安が一時《いっとき》も離れず、毎朝、「ああ、寝ている間に死ななかったんだ。よかった！」と安心する日々であった。

この時、意識は常に心臓に向いていた。狭心症の疑いがあったが、特別な治療をするでもなく、精査をする約束をして一時退院させてもらった。以後も不定愁訴《しゅうそ》が続き、原因不明の胸苦しさや動悸《どうき》があり、いつも死の恐怖を感じていた。

その苦しみは実は自分で作り出しているものではないか？　と、ようやく気づきはじめたのは、数ヵ月が経ってからであった。今の私がその頃の自分について診断するなら、「不安神経症」「心臓神経症」「異型狭心症」「パニック症候群」「自律神経失調症」等の病名がズラッと並ぶだろう。

そしてこの頃、死の恐怖から逃れるために神様巡りを始めた。しかし、スピリチュアルな場所へ行く度に、どんどん霊媒体質になっていくような感じがした。隈本確氏の本に出会って傾倒し、「いったい自分は何を恐れているのか？」「自分はなぜそれほど死を恐れるのか？」苦しみや悲しみ、人生、生と死、運命や宿命というものに関して、徹底的に考えるようになった。

この時点での結論は、「今生において、自分がしなければならないことがあるにもかかわらず、その天命を全《まっと》うできないかもしれない」ということが、自分の恐怖の根源であったということだ。

それならば、「天命」を極《きわ》め、自らが真に進みたい道を歩んで行けば、死を恐れる必要もなく、克服していけるだろう、という結論に至った。そこでまずは、初志貫徹！　ということで、当初の目標に戻って医学部を再受験する決意をしたのは、大学四年の頃であった。

初めての神秘体験

卒論を出し終って大学を卒業し、本格的に自宅で医学部の再受験勉強に取り掛かった。予備校に行く経済的余裕もなく、過去の古い参考書、模擬試験、通信添削の旬報をフルに活用しながら自宅で勉強した。1カ月に1回ほど公開模試を受けて、東大、京大、阪大医学部以外の国・公立医学部ならば、A判定がでるようになった。一日十二時間の勉強は、少しも苦痛ではなかった。むしろ自分が、どんどん高まっていくという喜びがあった。

医学部に入って、生体エネルギーや宇宙エネルギー、そして磁気などを研究して、治療に応用したい、新しい治療法を見つけたいという熱い思いを持っているからこそ、ハードな勉強もこなせたのだが、体には無理がかかったのかガタガタで、今度失敗したら来年はないだろうとも思っていた。

なぜそのような新しい医学や治療方法に興味があるのかと言えば、一つは、自分の胸部症状が、結局、西洋医学では解決できなかったということ。二つめは、「オーラ」「生体エネルギー」というものに、幼少時からずっと関心があったこと。三つめは、大学時代に出会った「手当て」治療のさらに延長にあると思える、自分の天命を感じていたことである。オーラや生体エネルギーという言葉をきくと、理由もなく体が熱くなってくるのだ。

この時期に、今生で初めての神秘体験をする。ある晩、寝ている時に、一点の金色の光が突然出現してどんどん拡大していき、なんとも神々しい存在が現れたのだ！　その金色に輝く存在は、杖を持ち、白いローブをまとい、ひげが少し生えてたが、老人なのか若者なのか判断がつかない。ただその目は、それまでの人生で一度も見たことのないものであった。真にあらゆる全てを表現している目で、厳しさ、慈愛、悲しみなど、あらゆるものを表しており、私には、はるか昔から知っているような、とても懐かしい、親しみやすい存在に感じられた。その金色の存在は、私にただ一言、『がんばりなさい！』とだけ告げて、光は急速に点に戻り、消えていった。

朝、目覚めた時に、あれは何だったのだろう？　と思ったが、受験のことで頭がいっぱいだったので、それ以上は考えないようにした。二十五年以上経った今でも、忘れることができないほどの素晴らしい目であった。同じ頃、龍神に関する神示を夢の中でもらったこともあった。

医学部に入学

努力が実り、自宅から通える公立医科大学に、無事合格することができた。すべてがリセットされた新しい人生のスタートとなったのだが、ひとつ気にかかることがあった。私の父方家系の男性は、事故、病気などにより、四十代前半で皆、早死しているということである。どうも悪因縁があるらしい。志半ばで死んではどうしようもない。ならばそれを解決しようと思い、コツコツ貯めたアルバイト代で、霊能者のK氏に浄霊してもらうことにした。これでやっと、先祖のカルマだとか、因縁霊などというややこしい話から解放されると思った。また、自分の不定な胸部症状もこのことが原因だと思っていたので、それも治っていくだろうとウキウキであった。(平成二十一年六月頃、その霊能者のK氏が夢の中に現れ、「あなたは地上にシャンバラを創るために生まれてきたんですよ」と言われた)。

その後、ほっとして気が抜けたのか、スピリチュアルな世界から気持が離れていった。物理次元、地上社会の面白さを色々と発見したからである。それまでは飲まなかった、飲めなかった酒も、浴びるほど飲むようになった。しかし、なぜか神がかった人や霊能力者と知り合う機会が多くなり、その度に「あなたは短命ですよ」と繰り返し言われた。

大学時代は特にスピリチュアルな体験はなく、よく勉強もしたが遊びもした。入学後、本来やりたかった研究ができず、高次との距離も遠くなっていたのかもしれない。

医師国家試験合格

大学での生体エネルギー治療の研究の夢は、「このようなものに予算は出せない」という返答であっけなく破れてしまった。だからと言って、長年の夢を簡単にあきらめるのもちょっと情けない。

遊びすぎて、腑抜け状態になっていたようだ。しかし、ものすごく苦労をして六年もかかって得た膨大な医学知識を使って、臨床医学というものを一度はやってみたいという気持ちはあった。いやになればいつでも方向転換ができると思ったので、とりあえずは臨床に入った。研修医は肉体的にも精神的にも相当ハードであり、当初は明確な目的も、体力もなかったため、研修はあまり進まなかった。

その後、循環器に興味を持ち、専門研修を受ける。カテーテルなどのいわゆる挿し物系は一通りやったが、透視室で冷汗を流しながらの血管貫通工事は、自分には向いていないと感じていた。しかし、生活の流れを変えるだけの気力もなく、漫然と仕事を続けていた。

この頃から、モンスターペイシェント、いわゆる医療事故、医療訴訟などが世間・医療界で問題となり始めた。点滴一本でも何が入っているのかを確認し、何かにつけて粗探《あら》しをする家族や患者に対応するのが苦痛で、仕事が辛くてしょうがなかった。「患者にとっては結果が全て」という意識が強くなっているのは肌で感じていた。お互いに、不信感を持ちながらの医療だったのだ。

そんな時、ヘミシンクに出会った。変性意識となり、意識を飛ばして、宇宙や異次元~高次元の世界へ飛んでいけるというのが魅力であった。現実逃避もあったのかもしれない。全セットを一気に購入した。しかし、やり方がうまくなかったのかもしれないが、すぐに寝てしまうし、思ったようにはできなかった。この頃から、めまい、ふらつき、脳貧血症状が頻繁《ひんぱん》に起こっていた。

その一方では、年に四回は腫れていた扁桃腺が全く腫れなくなった。当初は加齢により免疫の反応が弱くなったのだろうぐらいに思っていたが、どうも地球の次元上昇と自身の変容が関係していたようだ。

アセンションとの遭遇

内科、循環器科を選択したけじめとして、最低、専門医の資格は取っておこうと決心した。そして二年間頑張って、内科認定医と循環器専門医の資格を取得できた。ホッとして、インターネットで本でも買おうと思いパソコンを開くと……！　初めて、「アセンション」という言葉に遭遇したのだ。二〇〇七年十月のことだった。

アセンション……？・その意味はわからない。しかし何か、軽いエネルギーを感じる。胸騒ぎがする。そして、とてつもなく重要な意味が潜《ひそ》んでいるということが直感でわかった。忘れていた大きな仕事を思い出したような感じでもあった。

この時点から、「アセンション」という、逆戻りのできない、一方通行の道に入ったのだ。その時にも何となく、「もう後戻りはできないんだ」という予感があった。

そこで急いでアセンション関連の本やブログなどをネットで検索してみると……それはもう、湧き水のごとく、恐怖情報が氾濫していたのだ……。

さあ、どうしようか！？　高さ五〇〇メートルの津波が来ても大丈夫なように、まずは標高一五〇〇メートル以上の山に移り住もうか？　しかしそのような場所は火山の噴火が心配だ……。ん？なーんだ！　宇宙連合が助けてくれるという情報があるではないか！　……しかし逆に、宇宙存在は助けないので期待してはいけないという情報も出てきた。どうしよう……？　そうだ！　自分がアセンションすれば、この状況を乗り切れるのではないか！

ということで、情けない話ではあるが、自己保存の欲求の極地が私のアセンションの出発点となった。（過去生での失敗や体験の記憶によるものか？）

五次元とは？

さて、アセンション関連の情報によると、今回地球がアセンションした場合、地球は四次元を通り越して五次元の世界へと移行するらしい。では、五次元とはどういうものなのだろうか？　色々と調べた結果、まとめてみると次のようになった。

1．細胞の振動数が上昇する。

2．細胞の光エネルギーの保有率が高まる。

3．体が炭素系からケイ素系へ変化する。
4．強力な免疫系により、病気や感染症にならない。
5．DNAが変容し、その分裂に限界がないため、永遠に生きる。

そこで、まずは日常生活の中で、自分自身が実践できると思うことを始めてみた。精神や感情の状態を安定して保ち、物事をポジティブに考えるように努めるのだ。それにより細胞の振動数が上がり、次元上昇が可能となっていくらしい。また、魔法のようだがシールドやバリアを創るイメージも始めた。地球の次元が四～五次元に向かっているということにより、思ったことが現実化する可能性が高いことに気がついたからだ。仕事で病棟に向かう前に、まずは自分の周りに金色のシールドを張り、その上から紫のシールド、さらにはオシャレな金のビーズ柄のシールドをまとい、全体を包み込むような白の球体をイメージして、ネガティブなエネルギーから身を守るようにした。するとこれが意外と上手くいくのだ。まとった感じがよくわかる。金のビーズ柄の時は、肌に気泡がはじける感じがあり、とてもリアルだ。

それまでは、脳血管障害で麻痺をきたして寝たきり状態の患者の診察をすると、麻痺側と同じ側の自分の手足が脱力して、酷い時には聴診器が持てなかったほどだった。その場を離れるとすぐに良くなるため、患者から何らかのエネルギー的な影響があるのだろうとは思っていたが……バリアを張ることで、そうした症状が軽減できたのだ。

それから数ヶ月経った二〇〇八年二月のある朝。病棟へ向かう自分の足取りが、妙に軽いことに気付いた。別に楽しいことが待っているわけでもないのに、体がすごく軽くなっている。

その数日中、もっとすごい時には、重しでも付けていなければ浮かんでしまうのではないかというくらい軽く感じることもあった。

そんなある日、ふと窓からいつもの景色を見ると……。何と！　見慣れていたありふれた景色が突然、とてつもなく綺麗に観えるのだ！！

自然。植物。そして空間までも、すべてが光を纏《まと》っているかのように綺麗に観えた。


その時だった。【自分がアセンションをして生き残ろう】という考えが消えたのは！

ポールシフトやカタストロフィーなどで、この美しい地球を絶対に破壊してはならないと思うようになった。むしろこの時は、決意に近い気持ちでもあり、【内なる声】が言っているようでもあった。【今までの繰り返しはもうごめんだ。今度こそ速やかに地球と人類は、次元上昇を平安の内に達成しなければならない。そのために自分は気づいたのだ！　だから動かなければならない】と！

＊【高次の声】　――スピリチュアル・ハイラーキーより――
「これはスピリチュアル・ハイラーキーによる最初の段階のイニシエーション、自己の『請願』である」

ラファエル登場

同じ年の春に、健康診断の検診があり、に腫瘍マーカーの上昇がわかった。腫瘍マーカーとは、腫瘍が産生する物質を検出する臨床検査の一つである。現状ではまだ感度や精度に問題はあるが、その検査値の上昇は、癌を疑わせる根拠となる。1回目は正常上限をちょっと超えたぐらいだったのが、1ヶ月後の再検では三倍になっていた。……頭の中が真っ白になった。この時点で何らかの癌であることを覚悟した。そして、各種の精密検査を一応予定はしたが、「なぜここで癌がでるんだ！？ 今、この時期に！」という気持ちがあった。

色々な意味でどうしても解《げ》せないため、知り合いのチャネラーに相談した。すると、ハイアーセルフやガイド（守護天使等）からは、特に体には問題なしの回答だった。次に、シリウスの存在と大天使ラファエルに聞いてもらった。ラファエルからは、「自分自身ではなんでもないと分かっているはずなのに、なぜ検査値に振り回され心配するのか」というメッセージがあった。そしてシリウスの存在からは、「そんなに心配ならば、一度一通り検査をして安心するがよい」と伝えてきた。そうしたメッセージで、ちょっと安心した。そして翌週に胃・大腸カメラと膵臓MRCPで調べた所、全くの異常なしだった。あらためて高次元の存在のすごさを実感した。

そして、「本当の自分を知りたい」「今生の使命をはっきりさせたい」という気持ちが日増しに強くなっていった。そこで、チャネラー（＊高次の存在とのコンタクト、いわゆるチャネリングができる人）を巡り始めた。

すると、各チャネラー共通の結果として、私の主な出身惑星はシリウスであること。そして、重要な役割を果たす決意を持って、地球に入植したことなどがわかった。やはり自分には、アセンションに関わる使命が何かあるらしい……。

アセンションの師との出会い

二〇〇八年半ばのある日、インターネット上で気になるサイトを見つけた。アセンション・次元上昇・高次元などをネットで検索すると、必ず引っかかってくる。いったん通り過ぎてもまた戻ってそこへたどり着くのだ……。これは、高次の導きなのだろうか？　そこには、気になる情報もたくさんあったので、まずは情報を入手したいと思い、このサイトへメールを送ってみた。

すると、その数日後の日曜日の朝だったと思うが、Ａｉ先生という方から直々に、ダイレクト・メールで返事がきた。なんと、私のハイアーセルフと高次のネットワークから、「早急にアセンションとアカデミーを開始しましょう」というメッセージが来ていると言う。

何やら急ぐ必要があるようだ。たしかにアセンションの重要なターニング・ポイントと言われる二〇一二年まで、あとわずかである。

この時点では地上の自分にはよく分からないが、まずはとにかく情報が欲しいと思ったので、その1週間後にA・i先生の個人セッションを申し込んだ。

正直なところ、地上の自分は、本当に大丈夫なのか？ と心配であった。詐欺ではないか？ とか、その他もろもろ、さまざまな妄想が膨らんだ（笑）。

そして個人セッションに向かう車中で、A・i先生のアカデミーのスタッフというLotusさんという人から、携帯に連絡が入った。その声を聴き、波動を感じると、なんだか安心した。「アセンション・ライトワーカー」はやはり何かが違う。なんと表現したらよいのかその時は分からなかったが、「強い意志をもった聖職者」という感じであった。

待ち合わせの駅の改札を出たら、なぜかある人に目が行って、すぐにLotusさんだと分かった。まず、雰囲気が違うのだ。全体から光を発し、宇宙連合をイメージさせるような目をしている。

Lotusさんに、「あちらでA・i先生がお待ちになっています」と言われ、緊張しながら一人でセッション場所へ向かった。A・i先生はなんと、女性であった。精神世界にありがちな（？）いかにも、という感じでもなく、キテレツという感じも一切なく、むしろ一見あまりにも自然で普通……！！　後ほどA・i先生にお聞きすると、よく他の生徒からも同じことを言われるそうだが、コンテンツとそのエネルギーから、私もなぜか男性だと思いこんでいた（後に、アセンションが進むほど、男性性と女性性のエネルギーが統合していくということを学ぶ）。

A・i先生と挨拶、握手をし、セッションが開始した。やはり、何か仰々しく特別なことを行ってリーディングやチャネリングをしている感じはしない。とても自然で、普通の感じに観える。

サラサラッと図表を描きながら、「トータルのシンボルで言うと、これが宇宙と自分を表します。そしてこちらのシンボルは、天界のエネルギーを表します」などと、始終一貫して穏やかに、柔らかい調子で話される。アセンションという観点からの宇宙史や地球史についても、最新情報、アセンションに関する全体的な話、高次のマスターについてなど、質疑応答を交えながら、詳細の話を聞いた。

その間、Ａｉ先生は、時々私の頭の一〇センチから二〇センチ位上を観ることに気づいた。その何かを観ながら、Ａｉ先生は何かしら嬉しそうな表情をしているように感じたが、それがどういう意味なのかについては教えてもらえなかった。

地上にいる自分にとっては、あくまでも最初はどんなものかを探り、情報収集をするという目的だったのだが、ふと気が付くと、私は声に出して「地球のアセンションをサポートしたい。そのために本格的に学び、アセンション・ライトワーカー（地球・宇宙のアセンションをサポートする存在）を目指します！」と言ってしまっていた！　その後も度々そういうことがあったが、どうもこういう（重要な！？）時は、【ハイアーセルフ】が勝手に喋ってしまうらしい……。そして、後からＡｉ先生にお聞きすると、この重要な宣言を行った時に、ハイアーセルフや高次から、大きな喜びのエネルギーが伝わってきたとのことであった。

個人セッションの翌週、Ａｉ先生からご連絡をいただいた。

「まずは、地球のアセンションにとても関係のある役割となる可能性がある」と。

自分では「はぁ〜？」である……。地上セルフには何の意味かさっぱり分からなかったが、その内容・意味についてもう少し具体的にお聞きすると、ますます引いてしまった（※しかしまずは本書の出版にて、的中！？）。

「何を根拠に？　自分はこんなに俗っぽい人間であり、三次元のくだらないことで簡単に動揺してしまう。そんな大それたことができる訳がない……」と頭の中で繰り返した。せめて自分の住んでいる地域とか、住民のアセンションをサポートできる、くらいの範囲で言ってくれたら、可能性はあるんじゃないかと思っていたのだが……。ただ、悪い気はしなかった。子供時代に憧れていた、地球と人類を救うヒーローではないか！？　いいじゃないか！　と、まるで夢の中で自問自答をしているようであった。高次のアセンション・アカデミーのメイン・ファシリテーターのＡｉ先生も、Ｌｏｔｕｓさんも悪い人じゃないみたいだし、ギアはニュートラル！　ということで、しばらく付き合ってみるか、という感じだった。

セッションでのガイダンスによると、地上セルフが高次のネットワークとアカデミーに参加する前から、ハイアーセルフ・ネットワークが動き出しているとのことである。そして、特に初期の個人セッションでは、その人のハアアーセルフとのコミュニケーションを中心にしていると言う。ゆえにセッションでのエネルギー交流やその伝達は、多次元的なものであり、特に現在、さまざまな理由により、アセンションのサポートの高次のエネルギーは、とても強く繊細であり、万物の根源である「フォトン」（光子）のレベルであるとのこと。そしてこれが、アセンションＤＮＡの活性化と変容に、究極的に働くエネルギーであるとのことである。

根源的、根本的に働くものであるがゆえに、人によってはその場ですぐには体感できないこともあり、そういう場合はだいたい三日くらいかかるだろうとのこと……。

しかして三日後の夜、神秘な出来事があったのだ。寝ている時に突然、それは起こった！　まず最初に、丹田とみぞおちの二つのチャクラの三十センチ位上の所に、エネルギーの塊を感じた。それが何なのかはよく分からなかったが、確かにしっかりと感じたのだ。そしてそこから、ドクンドクンと脈動するエネルギーが入ってくる感じを受けた。とても気持ちのいいエネルギーで暖かい。目は開けなかった。開けてしまうと、この神秘体験が終わってしまうと感じたからだ。そしてこの時は、そのまま寝てしまった……。

次には、胸のチャクラの上に、先ほどよりももっと大きなエネルギーを感じて目が覚めた。やはり暖かく、とても気持ちの良いものであった。さらに、サードアイ（第三の目。額のアジナー・チャクラ）に、何と、菊の御紋がはっきりと浮かんで見えたのだ！　目を閉じているのになぜ観えるのかは言えないが、観えるのだからしょうがない（高次のエネルギーを観る第三の目の働きだろう）。

この時は、このシンボルが何を意味するのか分からなかったが、後にＡｉ先生にお聞きすると、太陽神（天照皇太神）のエネルギーの象徴であるとのこと。そして私（ＵＭＭＡＣ）は、神界と関連があると言う。しかしこの時の私は、西洋のアセンディッド・マスターを非常にかっこいい存在と憧れており、そちらにしか意識が向いていなかった。

日本神界に対して自分が持っていたイメージは古典的なもので、神様がたのへアスタイルとか、全体の印象として、いまいちだなと思っていたのだ。ただ、その年の春に受けたあるチャネリング・セッションで、ハイアーセルフとラファエルを呼んでもらった時に、「今、日本の神様がたくさん来ています。どうか外国には行かないでほしい（外国のほうばかりに意識を向けないでほしいということか？）。そして、日本の神に心を向けてほしい」というメッセージを受け取ったことを思い出した。

そして、Ａｉ先生より連絡をもらったが、アカデミーでは通常の入門コースからではなく、マスター・コースからいきなり展開するとのこと！（私の性格が高次に読まれているようで、かなりハードな短期集中コースを指定してきたようだ）。それで、夏に三日間のアセンション個人セッションとワークショップを受けることになった。

＊ちなみにこの1年後、Ａｉ先生の御紹介で、アセンション界で有名な白峰（中今）先生とお会いして個人セッションを受け、リーディングをしてもらったところ、その時の神秘体験（菊花紋）とは、Ａｉ先生のメインのハイアーセルフ、神界である太陽神界（天照皇太神界）により、自己の中にある秘められた神性が開花したということであった。以前は、ある体験の意味付けをするときに、誰かから何かをもらった、受け取った、ということがないと実感が湧かなかった。しかし現在は、自分の秘められた神性を確信しているので、このリーディングの内容はさまざまな意味で非常に理解できる。

アインソフの光

初夏に、またある外部のセミナーを受けた。アインソフという高次から来る光を受けるものである。Ａｉ先生によると、アインソフとは、宇宙の創始からの高次の評議会であるとのこと。キリスト庁、聖母庁、大天使長などがあると言う。このセミナーの私の申込みは最終回の最後の1枠を埋めた。意味がありそうだ。このセミナーを受講する者は始めから決まっており、申込みが済んでから、高次とハイアーが共同でエネルギー状態を調整するとのことである。

セミナー当日は金色の光が流入し、以降は各自でそれができるという（Ａｉ先生によると、アセンションとは器となる心、ハートが重要とのことである）。私にはその光は観えなかったが、ただ指先が陽炎のように見え、空間のゆがみが現れた。そこだけ高次元空間になったようだ。また頭から光を入れた時、ズンと重い感じのものが入ってきたのがわかった（Ａｉ先生によると、高次から降りてくる光は莫大だが、質量がないほど〈軽い〉とのこと。この光で、各チャクラを結ぶスシュムナーの活性化＝クンダリーニの上昇やＤＮＡの変容が進むというより、進んだ結果降りてくるらしい）。

後にＡｉ先生にお聞きすると、いずれにしろ私のハイアーネットは潜在的にアインソフとつながりがあるとのことで、その活性化の一つとなったようである。以後、両手を上に向けアインソフの光といったら光が降りてくるのをイメージし、それを自己の頭に注入することを1日に何度もやっていた。面白かったし、こういうことが自分が本来、最もやりたかったことだった。

アカデミーは、銀河連邦とスピリチュアル・ハイラーキー（ＰＡＯ）の日本の公式ポータルでもあるので、この頃から、ＨＮ（ホーリネーム）は、シリウスを中心とする銀河連邦（＊）の叡智のシンボルの名から取った、シリウス語の「ＵＭＭＡＣ《ウンマック》」を使わせていただくことになった。なぜか自分でもとてもしっくりとくるので、シリウスとのつながりも強いらしい。

＊スピリチュアル・ハイラーキーと銀河連邦「ＰＡＧ　ＪＡＰＡＮ」事務局
http://pag-japan.jp/

マスター・コース　ファースト・セッション

アカデミー本部での、三日間のマスター・コース個人セッションとワークショップが始まった。

初日にＡｉ先生にお会いした瞬間、前日くらいから地球のエネルギーが大きく変化しており、私のハイアーセルフとも関係があると言われてびっくり！　なんでそんなことがわかるんだろう？　しかしまだ、その情報を鵜呑みにすることはできない。

セミナーは、よくあるエネルギーワークとか、瞑想、ヒーリング、リーディング三昧かと思っていたら、なんと、ほとんどが向かい合ってのお話であった。

その中で、宇宙創始のアインソフからの手法をベースとする、ハイアーセルフを中心とした高次とコンタクトするための手法や、そのためのツール、ワークなどを詳しく伝えてもらった。その内容自体が、高次のシステム・ネットワークとして古代のアセンション・アカデミーから機能しており、スタートする時点からそれが動き出すとのことである。

Ａｉ先生はずっと穏やかな調子で話されているが、私はなぜか集中力が持たない……。後でお聞きすると、高次で莫大なエネルギーが動いているとのことであった。ランチの後だったので、満腹状態で眠い……！　そこで名案（！？）を思いつき、エネルギー・ワークをお願いしたところ、Ｌｏｔｕｓさんは、大きなヒーリング能力を持つＬｏｔｕｓさんのヒーリングを受けることになった。Ｌｏｔｕｓさんは、大きなヒーリング能力を持っているが、特殊な内容と目的があるため、ほとんど一般公開はしていないらしい。そしてそのヒーリング中……。シンプルな部屋の中で、ほとんど唯一の装飾である、伊勢神宮内宮の天照皇大神の掛け軸が、突然ピカッと光った。何かが起きたらしい。気が付くとヒーリングの手は、いつのまにかＡｉ先生に代わっていた。Ｌｏｔｕｓさんの大ボリュームのエネルギーが、私のエネルギーと出会って逆流したらしく、Ｌｏｔｕｓさんはいつまでも、体から莫大なエネルギーと熱を発散していた。

翌日、ある神宮へ参拝した。そこはとても歴史の古い所であるが、神宮というよりその御神体山が、新宇宙の特殊な座標と対応しているらしい。参拝が終了すると、その後は特殊な「フォトンを観る」というトレーニングとなった。Ａｉ先生によると、フォトンを観る訓練を行う場には、いくつかの条件があるという。最も適しているのは、フォトン・エネルギーが多く満ちている場であること。そしてフォトンを観る能力とは、それほど特別なものではなく、アセンション・ライトワーカーになる意志と資質がある人なら、ある程度訓練すれば観えるようになるとのことである。その訓練にはいくつかのコツがあり、それを伝授してもらうと、なるほど、確かに光の粒子が見える！　その中には渦を巻いているものもあった。コツを掴めば、容易に、おもしろいように見ることができる。

Ａｉ先生によると、フォトンを観る、探知する能力は、とても重要なことらしい。オーラなどを観るアストラル視力は主に四次元のものであるが、フォトンのエネルギーは、五次元以上と神界のエネルギーを観たり、感じたりするために重要とのことである。

すべてのセッション終了後、皆でランチを食べに行った。直会《なおらい》（神事の最後に、参加したもの一同で神酒を戴き神饌《しんせん》を食する行事）として美味しい蕎麦とお神酒が出てきた。そのお酒は、一見普通のように観えたのだが、飲んでびっくり！！　それまで飲んだことがないほど、美味しいものであった！　見事にエネルギーと味が違う。濃厚で、とてもフルーティーなのに、名水の水のように軽い。いくら飲んでも酔わない……。エネルギーでこれほど変わるとは、驚いた！　あまりに美味しく、なぜか酔わないので、相当な量を飲んでしまい、Ａｉ先生も笑っていた。

Ａｉ先生いわく、今回のエネルギーで（お酒が）変わっているということもあるが、私（ＵＭＭＡＣ）のハイアーセルフの神様も来ており、その神様がお酒がお好きなのだと……！

帰りの車中では、とても気持ちよく午睡ができた。ふと目が覚め、なぜか太陽を観ようと思って窓に目をやると、太陽が真正面にある。そしてそのままずっと、いつまでたっても真正面にあるので、「不思議なことがあるものだ」と思いつつそれを観ていた。その時突然、太陽の真横に、太陽と同じくらいの大きさの白い光がフラッシュした……！　「いったい何だろう？」としばらく観ていたら、目の錯覚かと疑ったからか、もう1度念を押すように、同じ白い光のフラッシュが起きた。

*【高次の声】――ハイアーセルフからのメッセージ――

太陽神の掛軸が光ったのは、神界からの合図である。また、神界につながった時、御神酒には神界のエネルギーが入る。

太陽の横でフラッシュした光は、神界の船である。あなたはこれからアセンションとライトワークを開始し、本源の願いの使命を遂行することとなるので、ハイアーセルフと高次からの合図と挨拶であったのだ。光は愛である！

ヒーリング・セミナー

その夏の間に、再び外部の、また違うヒーリング・セミナーに申し込んだ。そこでは、事前にヒーリングを受け、そのエネルギーに馴染んだ後にセミナーに参加することが条件となっている。

このセミナーでの話によると、人間はかつて、宇宙のエネルギーとつながるエネルギー・グリッドを持っていたという。人体周囲の格子状のエネルギー包囲線らしい。そしていつの頃からかは不明だが、その接続線が意図的に切られ、エネルギー的に宇宙と孤立してしまったという。それは、人類に宇宙エネルギーを利用させない、進化させまいとする存在たち（？）の意図であると。このセミナーは、宇宙エネルギーとのつながりを回復するものであり、ヒーリングは宇宙のエネルギーを流してグリッドの破損箇所の修復を行うというものであった。

このヒーリングの初回体験は、大変強烈なものであった。セッションが始まったと同時に、いきなり足のほうからものすごいエネルギーが頭まで上って来て、頭が破裂するのではないかという恐怖を覚えるほどのものすごい膨張感があった。数分して、エネルギーが馴染んだのか落ち着いてきたが、その後も色々な現象を体験した。まず、音楽が聞こえた。無機的で単調な音楽だが、地球上の音楽とは思えない。手の痺れ、体の浮遊感などもあった。エネルギーワークでこれほど強烈な体験をしたのは初めてだった。

そして、本番のセミナーを受けた。ヒーリングの時と同様、最初は頭部にエネルギーが集まり、膨張感に伴って頭痛が出現したが、数分で消失した。音楽が聞こえたり、体が痺れたりした。意識も宇宙空間へ跳んだようだった。サードアイに大きな宇宙船の端のようなものがチラッと見えた。

ということは、宇宙に行ったということか？

セッション終了後、施術者によるヒアリングがあるのだが、特にセッション中の体験から何かを学んだり、解説があったりということもなく終わった。ちょっと物足りないが、ただエネルギーは間違いなく感じた。

しかし、後にA・i先生にお聞きし、自らもさまざまな事象から学んだが、同種のセミナーでは、私（UMMAC）のようにエネルギーに敏感な人は何らかのエネルギーを感じることができるが、それだけでは真のアセンションへは結びつかない、

レイキ第三レベル

外部のさまざまな団体のヒーリング、セミナー巡礼の傍《かたわ》ら、アカデミーのマンツー・マンでのレポート通信も頻繁《ひんぱん》になっていった。そしてAi先生から、私の質問に対する回答が文字通信だけでは困難なので、直接伝えるとの連絡をもらった。レポートの内容に関する、さまざまな、多次元的な解説の後、Ai先生は驚くべきことを言った。私が、神界とシリウスと地球のアセンション・プロジェクトに関わっており、その1つの鍵を持っている可能性があるというメッセージが高次から来ているというのだ！

……「地上の私」はここでまた引いてしまった。アセンション・ライトワーカーを目指すだけでも、自分にとっては十分に大きな目標なのだが、『今度は神界？　ちょ、ちょっと待ってください！』と頭の中で言っている。ついこの前、アセンション・ライトワーカーになるという宣言をしたばかりじゃないか！

混乱してしまったので、取りあえず静観しようと思い、しばらくはまたヒーラー、セミナー巡礼を続けてみることにした。

そしてこの時期にレイキ（一種の手当て療法）を一気に第三レベルまで学ぶ。レイキを身につけることで、チャネリング能力が開花するという噂を聞いていたからだ。ネットで色々調べ、信用できそうなところでお願いした。そこの先生が、最初に私の手から出る自然なエネルギーを調べたいと言うので、両手を先生の体に置いたところ、「ほうー、これは繊細ですね！　最初は普通、結構荒い波動のエネルギーなんですけどね。あなたのはレイキの相当上の段階で出せるエネルギーですね」と褒められてしまった！　気をよくして、二、三週おきに、一気に第一から第三レベルまで受講した。その度に、手から出るエネルギーの量が強く、大きくなっていくのが分かった。

この頃は、体験型のエネルギーワークにできるだけ参加し、色々なエネルギーヒーリングを習得したい気持ちであった。何かしら、焦りのようなものもあったのかもしれない。

同じ頃、以前よりあった根尖性《こんせんせい》のう胞・歯周病が一気に悪化した。悪いものはそのまま存続できないという流れなのかもしれない。ちょうど政界、教育界、医療界といった一般とは隔絶され、秘密にされていた奥の院のようなところから膿が噴き出している状況と似ている。いわゆるネガティブなエネルギーは、存在することができない波動の世界になってきているということだろう。

歯科に通院することとなったが、難治のようだ。歯科医も爆弾に触れるような感じらしく、できるだけ積極的な治療は避けたいらしい。下手をすると泥沼状態になるというのだ。同じ医療者として、この表現でどういう状態なのかよくわかる。だが、レイキのおかげで痛みには自己ヒーリングを行い、数十秒〜数分で治すことができた。

この頃、お盆の影響もあったのか、不思議な夢を二つほど見た。

一つめは八月中旬頃、大学時代の友人と、あるセミナーにいっしょに出席している夢であった。その友人は心霊に大変興味をもっており、学生時代に将来二人で心霊研究会を作ろうと言っていたが、保留となっていた。二人でそのセミナー会場を回っていると、突然私のサードアイが光りだした。内から発するというよりは、どこからか光がサーチライトのように私の眉間部に当てられている感じであった。直径2センチぐらいの大きさで、持続的に光り、今度は自分から反射するように友人の眉間を照らした。

二つめは、数千~数万のUFOの大編隊が上空を飛んでいる夢だ。自分がそれらのUFOからモニターされている。そして、その内の一機が降りてくるかもしれない、と思った瞬間！　本当に一機が反転して自分に向かって下降してきた！　その時の私には、友好的に迎える気持ちどころか、「捕まったら殺される」という考えが湧きおこり、すぐに逃げてしまった。必死の逃避行で、店の中やビルの谷間を駆け抜けたり、塀を乗り越えたりと、異常にリアルであった。顕在意識では、「一刻も早く宇宙連合とコンタクトしたい」と思っているのに、深層意識にある恐怖心であろうか？　それとも、子供の頃に見た怖い宇宙人が出てくるTV番組の影響か……？

＊【高次の声】（二つの夢について）――ハイアーセルフより――

あなたのアジナー・センター（サードアイ）はかなり活性化してきている。それは浄化のエネルギー

である。

――宇宙連合より――

あなたが地球に来る前に我々と約束をしたミッションを遂げるためには、過去生にインプットされた「恐怖心」を克服し、解除する必要がある。そのためのレッスンである。

――Ａｉ先生より――

瞑想の中で、その船のうちの一機が着陸するところをイメージしてみてください。そこから降り立つのは、宇宙の高次のマスターです。それは、あなた（ＵＭＭＡＣ）もよく知っている存在です。そうです！　それらの船には、マスター方が乗っています。そう考えると、恐怖心は消えることに気づくでしょう。そしてこれから、夢の内容も変わってくるでしょう（夢とは、肉体以外の次元の現実でもあります）。次回は、船があなたの目の前に着陸するでしょう。そこから現れる存在と対話してみてください。

チャネリングができた！

二〇〇八年八月頃から、Ａｉ先生より、ハイアーセルフ及び高次のネットワークとの「対話」（チャネリング）を開始するよう、要請を受ける。私のハイアーセルフ及び高次の存在が「できる」と言っている、とおっしゃるのだ！

たしかにそのために、古来より高次から伝わるマル秘の手法をベースとしたツールをすでに伝授されている。そしてたしかに、不思議なことだがアカデミーのメンバーは、最初はごく普通の人たちであるが、すぐに、自然と、とてもレベルの高いチャネリングができるようになる！　しかも全員が！　他ではそういうことは聞いたことがない……。その上、「チャネリング」ができるようになることが目的なのではなく、人々と地球のアセンションをサポートする真の「アセンション・ライトワーカー」になるために、チャネリングは「当たり前」だと言うのだ！　「真のライトワーカー」とは、高次の存在のネットワークであるスピリチュアル・ハイラーキーや、高次の宇宙連合の一員である。彼らとのエネルギー・レベルのコミュニケーションは必須であり、高次の宇宙社会では当たり前のことであるとのことだ

そのために最も重要なのは、「自己のハイアーセルフ」（高次の自己。「永遠」の存在の最初のレベルのもので、通常は「魂」レベルを言う）との意識の一体化であると言う。

そこで、ハイアーセルフ及び高次と本格的にコンタクトするためのレッスンが開始されたのだ。

そして！　やはり自分にもできたのである！　しかし最初のものは、文筆の拙《つたな》さもあってか、表現が本当に下手なものであり、とても皆さんにお見せできる代物ではないため割愛させていただきたい（汗）。

Ａｉ先生いわく、特に顕在意識（フルコンシャス）でのチャネリングにおいては、ハイアーセルフの存在が重要で、それが正式な高次との窓口となり、「通訳」でもあるのだと言う。ゆえにハイアーセルフと地上セルフとのコラボレーションが重要なので、そのための訓練が必要であるとのこ

と。それができていくほど、内容の受信も翻訳もスムーズとなる。確かに、実際にそうであった！

さらに、アカデミー参加前後からハイアーセルフ及びそのネットワークが動くと言われているが、「ハイアーセルフとのコンタクト法」を中心とするいくつかのアセンション・ツールは、古来からの高次の流れを汲んでおり、天界のネットワークの一部となっていて、開始時点からエネルギーが動いていく。そして、さまざまな訓練や条件により、ある時「ファースト・コンタクト」の瞬間が来る。その時にＡ.ｉ先生が（高次からＯＫが）「来たよ」とおっしゃると、本当にできるのだ……。

中今悠天（白峰）先生講演会

翌月の九月、中今（白峰）先生とのファースト・コンタクトがあった！　中今（白峰）先生については、アセンションに関心がある多くの人がご存じだろう。近年、アセンションに関係するたくさんの本を書かれている。プロフィールによると、アセンション・リーダーの大御所のお一人であり、国体のエネルギーを調整するマル秘の仕事等色々担っておられるようだが、この方ほど神秘に包まれている人は地上には他にいないのではないだろうか。私はそのマル秘の一部について、以前からＡ.ｉ先生よりお聞きしていた。そしてこの方にぜひ一度、お会いしたいと感じていた。

実は、本書のきっかけとなったのも、この中今（白峰）先生なのである。詳しくは後述となるが、この年にＡ.ｉ先生が主催されたマル秘のミーティングで個人的にお会いできた時に、中今（白峰）

先生から直接、「本を書きなさい。あなたは〇〇年までに、〇〇冊の本を書くでしょう」と言われたのだ。その正式な御礼は文末に記すが、本書の出版社も、中今先生のご紹介だったのだ。

その後も、Ａ・ｉ先生のお計らいで何度かお会いしたり、アセンションにつながる統合医療センター設立を目指す私にとって、数々の貴重なアドバイスをいただくことができた。そしてなんと！

二〇一〇年九月に開業予定の、私の医院の命名もしてくださったのである！


そのファースト・コンタクトは、中今先生の九州での講演会であった。表向き（？）は、現在隠退されており、中今先生の地上での公式な講演会は終了しているので、なかなか無い機会だから、行ってきたらどうですかと勧められた。例のごとく、Ａ・ｉ先生の高次チャンネルで告げられたことが始まりであった。

講演会場に中今先生が入場された時、私は一刻も早く御本人を拝見したい気持ちでいっぱいで、つい振り返って見てしまった。振り返って見ていたのは私一人だったが、その瞬間、中今先生とバッチリ目が合ってしまった（汗）！　そして講演終了後、足早に会場を立ち去る先生に追いついて名刺を手渡し、二言三言、お話をすることができた。とりあえず、ミッション達成だ。そして約1年後に、前述のように私的な場でお会いした時にも、バッチリ覚えてくださっていたようだ！

中今先生は、その時も白銀のオーラに包まれていた……。

＊中今悠天（白峰）先生とは！？

地球霊王直門、弘観道第四十七代当主とは、表の顔である。その他、二十五の肩書があるが、仙人とも、御本人曰く、阿呆《アホウ》とも見える（笑）。

裏の側面の、政府の情報機関や危機管理のプロ、イルミナティーの忍者頭領などで、アメリカでは有名である。ロックフェラーや世界政府も「東洋のドラゴン」と呼び、一目置く！

その実態は雲の如くであり、アル中のおやじ（御本人曰く）のようでもあるが、不思議と人を魅了する、カリスマ的な存在でもある！

さて、この重要なファースト・コンタクトの翌日、Ａｉ先生のアセンション個人セッションとワークショップを受けるため、アカデミーへ向かった。車中で瞑想をしていると、富士山と、その女神様のビジョンが出てきた。そして「あなたをサポートします」と言うメッセージをいただいた。

しかし、次に受信したアセンディッド・マスター　エル・モリヤ（スピリチュアル・ハイラーキーでは著名な、高次のマスター。神の第一光線である【意志】の光線とエネルギーを司る）からは、手厳しいお言葉をいただいた……。

「あなたはチャネリングができない、できない、と言っているが、本気でやっているのか？　しかもまだ始めたばかりではないか。それなりの時間をとって、本気でやりなさい。そうすれば、必ずできるようになる！」

会場に着き、セッション開始。それまでのまとめやさまざまな解説をいただき、チャネリング内容とノウハウについても色々と伝授いただいた。そして今後の方向性や、その他、最新のアセンションに関わるさまざまな展開、ノウハウについてのアドバイスを頂いた（詳細は公開不可）。

また、神智学関連における真の学びを、早めに開始するように指導された。


高次のマスター、神界とのチャネリング！

帰宅の道中、時間があったので、さっそく、高次とのチャネリングを行ってみることにした。対象は、アセンディッド・マスターエル・モリヤ、及びロード・キリスト・サナンダである。

この方々は、これまでの古今東西のアセンション関連学でも著名な、高次の宇宙マスターであるが、Ａｉ先生によると、最新の地球のアセンション・シーンにおいて、（特に神界から任命された）重要なマスターであるとのこと。それぞれのマスターの役割とは、それを知らしめること自体がアセンションの一部であり、ノウハウでもあるとのことだ。簡単に述べると、アセンディッド・マスター・エル・モリヤは、アセンション全般のシステム、特にそのプロセスの一つひとつのサポートを担当し、ロード・キリスト・サナンダは、宇宙レベルのキリスト意識、『愛』のエネルギーのハイラーキーの中心であり、象徴なので、アセンション全般において、特に愛と光を中心とするエネルギー面を担当しているとのことである。
まずはアカデミーで伝授され、訓練を進めてきたツールで、チャネリングを開始してみた。
最初の数分間は、全く手ごたえがなく、何も浮かばなかった。周囲の騒音などもあり、今は無理かな……と思っていたら、突然、サードアイに光が出現した！「来たっ！」という感じがあった！
それからは、言葉が自然に噴き出してきた！

――高次のマスターとのQ&A――

Q：マスター・エル・モリヤにお聞きします。今、アセンションに向けて、私にできることは何でしょうか？

A：アセンションのためのコンテンツを創りなさい！　それは、宇宙の歴史の中で普遍である「神智学」に準じたものであり、今までにあなたが疑問に思ったり、難しいと感じたり、判らなかった所を中心にするとよい。
あなたが判らない所は、一般の人にも同じようにわからない、ツボのような所なのだ。それは、あなたの勉強にもなる。トップ&コアの、地球最終アセンションの最新版としてつくりなさい。もちろん不必要な箇所もあるので、Ａｉ先生と相談しながら決めるとよい。Q&Aの形式も、一般的に理解しやすいのでよいだろう。

Q：その他、何かありますか？

A：エネルギーとヒーリングに関しては、今後のあなたの学校に関わってくる人々を対象とするとよい。具体的には、新たに創るアセンションの神殿と学校の「場」を浄化し、アインソフの光で満たすのである。それはヒーリングだけでなく、アセンションのためのエネルギー調整の場となる。

Q：ロード・キリスト・サナンダにお聞きします。今、アセンションに向けて、最優先で私がすべきことは何でしょうか？

A：あなたが、日々のライトワーカーとしての活動と、物理次元での活動の間で苦労されているのはよく分かります。周囲の人々は色々と言うでしょうが、彼らを愛で包みなさい！

そして、赦しなさい！

あなたには、それだけのキャパシティーがあります。

日常のつまらない些細なことで腹を立てず、赦すことが大事です。

彼らの「ハイアーセルフ」に焦点をあて、それを彼らに降ろしてあげてください。それが、あなたの進化＝アセンションにもつながります。

すると、あらゆる事態が好転していくでしょう！

Q：他には何かありますか？

A：アセンション・エネルギーに関しては、先ほどマスター・モリヤが言われたように、アインソフのエネルギー場を創るのです。高次のポータルとなる、あなたの学校以外でも、例えば日々乗っている電車の中でも意識を拡大し、電車まるごとを、アインソフの光で包むのです。乗客がそのエネルギーを受け取り、使うかどうかは、本人およびそのハイアーセルフに任せればよいのです。あなたもそのワークから、たくさんのことを学ぶでしょう。

――　神界とのQ&A　――

A：神界にお聞きします。日本神界に関することで、今アセンションに向けて、最優先、かつ私にできることは何でしょうか？

Q：以前にも伝えたが、まずは意識を常に、真に、真の、神界に向けることである。
そうする事で、つながりの太いパイプができる。
神界のサポートも受けやすくなり、連絡も密になるだろう。
後は、神界の重要なミッションの件だが、あせることはない（この他のいくつかの事項は、まだ公開不可とのことです）。

A：まだ一人前のライトワーカーでもない私が、どうやって神界の仕事ができるのでしょう？

Q：さきほど述べた通りである。あなたの中ではすでに、DNAが変化してきている。そしてアセンションDNA、神界が宇宙の創始に定め、願った神聖なDNAの活性化とその全開の日は近い！
あとはあなたが何を選択し、どのような道を創っていくか、ということだけだ！

――A・i先生より――

初心者としては、とても正確な内容です。
マスター方からのメッセージのように、プライオリティー（優先順位）の高い内容について、実践を行い、アセンションのコンテンツも作成してください。
・神界からの内容は、あなたの高次のハイアーセルフ（ハイアーセルフのハイアーセルフ）の神界レベルのエネルギーであるようです。

――銀河連邦からのメッセージ（1）――

海外で近年人気がある高次からのメッセージを伝えるあるブログで、二〇〇八年十月の中旬頃に、地球外からの大型母船を、誰もがわかるように見ることができるだろうというメッセージが流れ、話題となった。
そのためにさまざまな準備が行われ、かなり気合が入っている雰囲気だ。

いよいよファースト・コンタクトか！？　映画「未知との遭遇」のような円盤が見れるか等と、期待と空想を膨らませ、時間があれば空を見るようにして楽しみに待っていた。

……しかし、予告の日から三日を過ぎても、誰かが巨大母船を目撃したという情報はなかった。小型の偵察型円盤の報告すらないようだった。

そして、この地上の情報元に、期待した人々からの憤怒の矛先が向けられた。一斉のブーイング、誹謗、中傷のため、そのサイトは活動休止。人々はやっぱりいつものガセかという凹んだ雰囲気となった。あまりにも期待が大きかったため、はずれた分の反動が大きいのだ。

後に、「条件が合わなかった」「闇の勢力が妨害工作をした」など、ちょっと言い訳がましいようにも聞こえる情報が伝わってきた。

しかしそのような中で……！　実は私は、しっかりと観ていたのだ！！

その予告の日。仕事が終わって夕方に帰宅中、小高い山のほうに車で直進していた時に、山に三分の一ほど隠れた、大きな白い光を観たのだ。月にしてはちょっといびつな感じで、最初は、「あ、月が出ている。何か形が変だけど、円盤じゃないからいいや」と思った。

しかし、違う方向に曲がると、前方に黄色い月が浮かんでいたのだ。

ではさっきのは何だ!?　となって、慌てて白い巨大な光を目撃した場所に戻ったが、もはやもう何も観えなかった。

その数ヵ月後に、他のサイトでの書き込みで、同じ県内でこの日に、白い月のような光の目撃情報があったことを偶然見つけた。ということは、複数の人が目撃したということだ。あれは、円盤だったのだろうか!?

こうした事象についてＡｉ先生にお聞きした所、なんと、この時期の高次の動きの重要なものは、そのような形（白い月のような）に観えるとおっしゃったのだ!!　私が観たものはシリウスの巨大母船であり、ちょうど次元の窓からエネルギーを出しながら現れたところであった、とも。

それを（エネルギーで）観ることができたのは、私（ＵＭＭＡＣ）がシリウスの領域と、深いつながりがあるからだそうだった。

次に掲載する二つのメッセージは、Ａｉ先生を通した、銀河連邦を中心とした高次からのメッセージだが、今回、特別許可をいただいての初公開となる。

―― 銀河連邦を中心とする高次からのメッセージ ――

母船は来ていましたが、誰にでも見えるという条件ではありませんでした。

（A・i先生より）

皆さん、そして我々の安全が、まだ保障されていなかったからなのです。

ただ、この時、銀河連邦を中心とする、ある特殊な船団が、地球の軌道に集結しました！

この船団は、特殊なエネルギーと使命と目的を担っており、コーザル体レベル、神界レベルの波動を持っているので肉眼では観えませんが、真に覚醒すべき人類は、何らかの形で体験、体感したことと思います。

この船団の目的はいくつかありますが、主要なものは一点に絞られます。

それは、これまでに宇宙でも地球でも創られたことのない、『神聖なるグリッド』を形成することです！

そのグリッドを形成し、ポータルや、トランスミッションとなるためです。

それは、一なる至高の根源神、神界のエネルギーそのもの、宇宙史で初めてと言える、最も偉大な恩寵のエネルギーを、地球と人々に流入させるための準備なのです！

今回の目的は、細胞・DNAレベルのエネルギーの「浄化」であり、「活性化」です。

このエネルギーは、そのままでは受け取れる人が少ないので、この神界の船団は、エネルギーを変圧し、肉体レベルまで流入できるようにするために特別編成されました。

我々のこの船団の機能は、ある意味で「月」の役割と似ていると言えるでしょう。

白い球体のエネルギーのような形で、この船団のヴィジョン、映像を観た人もいるようです。

これらは、シリウスが関わる神界の、奥義の部分でもあります。

一部すでに情報が出ているように、地球史の中で、月はこれまでは肉体レベルの維持のために必要でした。

しかし、間もなく我々と皆さんは、真の『太陽の時代』に入っていくでしょう！


さて、前述のように、この神界の船団の真なる最終目的とは、まさに神界の『神聖なるＤＮＡ』を流入し、目覚めさせ、活性化するというものです！

我々は、その準備となる細胞・ＤＮＡの「浄化」「活性化」のための透明なクリスタルのエネルギーを、「波動性のフォトン」と呼んでいます（「水」のエネルギー）。

これは真（神）の『神聖ＤＮＡ』の発現を準備するために必要であり、重要なものです。

そして、根源太陽神界の真の光である「粒子性のフォトン」（日のエネルギー）を流入させるための準備となります。

さて、皆さん！　これらの神聖なるエネルギーの源とは、いったいどのようなものなのでしょうか？

アセンションした高次の新マクロ宇宙、そしてその根源神界では、今、表現できないほど重要で素晴らしいことがたくさん起こっているのです！

＊「アセンション後の高次の新マクロ宇宙（ＮＭＣ）」の詳細に関しては、『天の岩戸開き――アセンション・スターゲイト』（アセンション・ファシリテーターＡｉ著　明窓出版）をご参照ください

「絶対的な静寂」――皆さんは、それを体験したことがあるでしょうか！？

一なる根源神界の最奥に、その本源の領域があります。

そしてそれは、皆さん一人ひとりの、【心】の内奥にも存在するということをご存知でしょうか？

絶対的な平和であり、調和であり、無限の可能性を秘めた、爆発的な生命の光とそのエネルギーの源なのです！

そして、今回の神界の船団による、『神聖なグリッド』の形成により、その不可思議で崇高な領域から、エネルギーが降臨するというイベントが起こりました！

皆さんに分りやすい表現で言うと、アセンションした高次の新マクロ宇宙（NMC）である、（新）【宇宙弥勒神界】からの、【宇宙弥勒神】のエネルギーの降臨です！

これが、この一連のイベントのハイライトのひとつでした！

まさに、いにしえより予言されてきた、重要なイベントです！

この【宇宙弥勒神】のエネルギーは、シリウス神界の奥の院である、地球ではまだ知られていない、シリウスの第三の太陽（シリウスC）を通して変換され、流入します。

細胞とDNAを活性化させ、変容させる、クリスタルのように透明な波動のフォトンに変換されます。

そのエネルギーが、今、皆さん一人ひとりの中に、降りてきているのです！

まさに、「弥勒の世」の到来の始まりです！

「この神界の根源のエネルギーを転送し、増幅する『神界の船団』と、その『神聖なるグリッド』

は、継続的に、地球のアセンションが完了するまで存在させる」という神界の決定が下されました！

今回はまさにその『始動』であり、これからその本質が、ますます発現されていくでしょう！

すでに、さまざまな変容を感じておられる人も多いと思います。

これらの変容によって、今後ますます、根源太陽＝セントラル・サンから直接、根源の光のフォトンを受け取ることができるようになり、そのエネルギーを蓄積し、他の存在とも相互作用し、自らも発現していけるようになっていくことでしょう！

――銀河連邦からのメッセージ（２）――

これまでのここの旧宇宙の宇宙史を観ますと、地球が関わる領域では必ず、アセンションに関するポジティヴな大イベントが起こった時には、その「対極」を目指す勢力による「反動」が起きています。

しかし、今回がこれまでとは異なるのは、そこでも歴史的な、偉大なる進展があったということです！

これまで、この宇宙領域の中で、「闇の同盟」「闇の勢力」と呼ばれてきた存在たちは、アセンションした高次の新マクロ宇宙（ＮＭＣ）最高評議会、及び根源神界の介入により、根本的に変化が起こりました!

「高次」になるほど、「光と闇」「善と悪」という二元論は存在しなくなります。

二元論は、ある一定の次元、一定のレベルまでの、相対的な観念であると言えます。

高次になるほど、存在、エネルギーとは「絶対的な光」そのものとなり、すべてが科学で、すべてがエネルギーとなります。

マクロ宇宙レベルで最も高次と言える領域と、いわゆる「闇の勢力」と呼ばれてきたあるリーダーたちとの真摯で科学的な対話の結果、彼らは地球のアセンションに関して、全面的に協力することに同意しました!

ただし、条件が1つありました。

こうした対話と努力の理由は、「闇の勢力」の最も高次のグループが、6次元のシリウス領域のスターゲイト(666)近くに在ったからです。

それ以上の次元にまですでにコンタクトし、アセンションしている存在にはあまり影響はありませんが、地球の現在の平均的なアセンションのレベルからすると、その存在は重大な阻害要因となります。

シリウス領域は、地球が属する太陽系から観ると、高次の宇宙領域への「スターゲイト」であり、

「関所」です。

ゆえに、今後のアセンションとそのステップに対しても、重大な阻害要因となります。

さらに、あまり知られていませんが、こうした理由があるがゆえに、このシリウス領域は、地球の創始以来、地球の防衛と守護の最前線でもあったのです。スピリチュアル・ハイラーキー、宇宙連合、銀河連邦等、あらゆる高次によって護られてきました。

そして、彼らの「条件」とは……、「NMC評議会」または「スピリチュアル・ハイラーキー」が正式な許可を出した者のみ、【シリウス・ゲート】を通過してよい、というものでした。

それはアセンションの観点からすると、全く道理にかなった事ではあります。


しかし、この一連の事象に関して、今回特筆すべきことは、ここの宇宙の「ブラック・ホール」と言える領域に、重大な変化が起こったということです。

それはあたかもブラック・ホールの中心から、【薔薇色の純粋な愛】そのもののエネルギーが発現したような感じです！

これらは、スピリチュアル・ハイラーキーの上層部では、実はいにしえより知られているものですが、これまで表にはほとんど出ていませんでした。

その特殊なグループは、【Order of Roses】と呼ばれています。

さらにその奥の院には、アインソフの中で、特に聖母庁が関わっている、ということもあまり知られていませんでした。

いにしえの【本源】へ還った、ということなのです！

そのグループの特徴は、その経験から闇に強いということはもちろんですが、最も特筆すべきことは、いったん決めたら絶対に揺るがない【強い意志】と【愛】と【忠誠心】です。

その対象は、文字通り、【純粋な愛】そのものと、それを象徴するものにです！

さらに、前述の一連の動きにより、地球が関わる次元、時間、空間領域、そしてここの宇宙領域のすべてに、ある重要な変化が起こりました！

分りやすく言いますと、アセンションの準備ができた存在は、過去のカルマは帳消し！という、神の特赦《とくしゃ》です。

ゆえに、さまざまな意味で、現在とこれからは、まさに「現在とこれから」＝『中今』にフォーカスする！　ということが、最も重要となります！　深遠な意味で、真にそうなのです。

NMC評議会と神界は、あらためて、ここの宇宙領域に関わるすべての高次の船団に、地球の

「ファースト・コンタクト」の早期実現を要請しました。

そしてそのオペレーションは、すでに実行開始となっています！！！

高次のネットワークが皆さんに最も気づいてほしいことは、船の大量着陸だけがファースト・コンタクトではない、ということです！

皆さん一人ひとりの意識の中心、ハートと魂の中心にある「スターゲイト」＝『アセンションの扉』。それこそが、まさに真の、唯一最大の『アセンション・スターゲイト』である、ということなのです！

そして、一連のファースト・コンタクトに関する事象はすべて連動し、イコールである、ということなのです！

さらに、これらの動きを受けて、惑星地球司神、地球ハイラーキーの長、地球ロゴスのサナート・クマラも、本格的に動き出しました！

具体的には、ある地域を中心とする、地球のクリスタル・（ピラミッド）システムの本格始動です！

これは、地球の次元上昇の本格的な準備です。

エネルギーこそ真実！

二〇〇八年十一月頃は、とにかく高次のエネルギーを獲得したいと願っていた。それが欲しかった。なぜなら、アセンションの推進力となると感じていたからである。

だから、そのためになると感じたことは、手当たり次第すべて行った。だが、アセンションのためというつもりだったが、振り返ってみると、「何々の力や能力」を得た！　という実感と満足感を求めていたのではないかと思う。なぜなら、物理次元の肉眼では見えない世界を対象とする中で、エネルギーだけが唯一、実感できるものだと思っていたからだ。

「エネルギーこそ真実」。これが究極の真理であるということを、その後から現在までの学びの中で気づき、体得していくこととなったのだ。

そしてアセンションにおける、唯一最大の法則について、アカデミーでは再三、学び、実際のライトワークの中で、それを体験していく！

その法則とは、『アセンション＝ライトワーク』である！

宇宙連合がいう「宇宙の法則」と同じである。「宇宙に贈ったものが贈られる」のだ！

ライトワーク、すなわち人々、地球、宇宙のアセンションのための奉仕のみが、その結果が、自己のアセンションになる、ということである。

宇宙全体、宇宙の高次、自己のハイアーセルフとそのネットワークが同意した時、地上セルフの自分という器にその準備ができた時、その力が使える、ということなのだ！

そしてその時には、地上セルフの力はごく一部でしかない。
必要ならば、宇宙のすべての力も一体となるのだ！！

こうしたことについて、その後体験した、いくつかの大きなイニシエーション等により、現在は深く理解しているが、当時はまだ完全には分かっていなかった。だから、地上での学びのスタート、特にこの二〇〇八年までは、精神世界百科事典のように、色々な系統と内容の所を巡っての調査・分析・比較となった。これは科学的な観点に立っても、重要なプロセスであったと思う。

この頃、外部のヒーラーの資格を一つ取得した。これでヒーリングに関しては看板が出せると思ったが、Ａｉ先生は、チャネリングもヒーリングも、真の「アセンション」の中で必然のものではあるが、全体のごく一部であると言われる。「部分」にフォーカスするのではなく、「全体」の中における「統合」が重要であると！

ＤＮＡの活性化

十二月に、ＤＮＡの活性化という外部のワークを受けた。これは、三次元の細胞レベルではなく、アストラル体以上のＤＮＡの変容を促すエネルギーワークであるという。インターネットで検索すればわかるが、世界でもそれができる人は少ないらしい。

（＊アカデミーのワークは大変特殊で、日本ならではのものであり、神界のマルヒも含まれている）

今回受けるＤＮＡの活性化は欧米人によるもので、四次元以上のレベルで変容を起こし、三次元の物質レベルに投影され、三次元でも変容するという。セッション中は、高次のアセンディッドマスター達の力を借りるとのことである。

セッション中は、自分はただ仰向けに寝ているだけなのだが、軽い変性意識の状態となり、ちょっとした光やビジョンが見えた。施術者によると、その日、会場には地球系医療霊団が来ていると言う。

（＊宇宙創始からの高次のアセンション学、及びアカデミーでは、それらを「ホワイト・ブラザーフッド」（白色同朋団）と呼ぶ。宇宙の高次が起源の、高次のネットワークである）。

この霊団は、それまでに私が行ったセミナーでもよく出現していた。これで三回目だ。Ａｉ先生より当初から、「ホワイト・ブラザーフッド」との潜在的なつながりもあるので、それについて学び、コラボレーションしていくよう指示されていたが、さすがに三回ともなると、やはり関係があるのだと思う。

ワークの参加者で体験をシェアしたとき、施術者から『あなたは自分では気づいていないと思うが、ものすごく大きな存在だ。ただ、幼少時にあることがきっかけで、神とのつながりがなくなってしまった』と言われた。

このように、ここまでさまざまなワークやセミナーを、さまざまなインストラクターから受けてきて、さまざまなエネルギーの感受力、サニワ（識別）力については、かなり自信がついてきた！エネルギーの変化、質、大きさなどをしっかりと体感できるようになった。

まさに、そのすぐ後に体験する大きなイニシエーションの準備であったのだと思う！

スシュムナーのクリスタル化のワーク

アカデミーでの学びやワークには、一見、地上で観ると派手なものはない。しかし、短いスパンでは数日で分かる変化もあったし、一年単位で観ると、表現できないほどの莫大な変化となった！

Ａｉ先生がおっしゃるには、それが、万物の本源の（根源の）フォトンによるものだからだそうだ。

それが、すべてのレベルにおけるアセンションのDNAを活性化するのだ。

もちろんそれも重要なのだが、当然それだけではない。アセンションとは、進（神）化である。

人格、神格の進化となるのだ……！！


二〇〇八年十二月十三日一般公開していないアカデミーのスペシャル・ワークの中で、唯一地上的に派手に観え、聞こえる「秘伝の技」的なエネルギー・ワークがあった。

それは通称「スシュムナーのクリスタル化」と言って、さまざまな、膨大な要素が入っている。

そういう秘伝的なものに弱い（笑）私は、以前からとても関心を持っていた。秘伝であり、類を観ないものなので、当然インターネットにも情報は無い。これまでにそのワークを正式に受けたのは、アカデミーではＬｏｔｕｓさんだけであると言う（その結果、三日三晩、エネルギーが全開になったとか）。とにかく情報が少ないのだ。そこで私はこのワークについて、いつお願いしようかとタイミングを計り始めた。

そして、十二月の個人アセンション・セッションを受ける前に、Ａｉ先生にこのワークの伝授を受けたい旨を連絡した。すると何やら、いつもと調子が違う。いつもはたいていのことは気軽にＯＫしてくれるのに、これに関しては違うのだ。「高次と検討してみましょう」と……。

何やら、奥深い理由があるらしい……。

それほどに重要なものなのか？　そうだとすれば、地上セルフ側（私）のコミットメントが重要であるということだろう。これまでの私のアセンション状況を観て、高次が検討中というところだろうか。

自分の大きな変化はあまり感じられず、そろそろもういいかなと思い始めていた頃でもあった。その気持ちを、エネルギーで見抜かれたのか？

（＊これに関しても、最近ではよく分かるようになった。エネルギーや刺激を求めて徘徊するスピ界オタクではダメなのだ！　アセンション＝ライトワーク！　「与えたものが返ってくる」の法則である。そして最近学んだ重要なことは、アセンションの初期ほど大きなシフトが多々あるが、一定のレベルになると、それらの「統合」の作業が重要となり、そして何よりも「ライトワーク」、奉仕、実働が重要である、ということである！）

Ａｉ先生によると、このワークは、（もちろん、アセンションのどのプロセスもだが！）一人ひとり違うとのこと。

そして重要なことは、地上セルフの考えだけでは、それは「起こらない」とのこと！

重要なアセンション・ライトワークになるほど、全宇宙、全高次の同意とコ・クリエーションが必要になるとのことである！

そしてすべては「中今のライブ」であるとのことなので、セッションの当日の様子を観て検討することとなった。

そして、個人アセンション・セッションの当日となった。

まずは、その「スシュムナーのクリスタル化」なるワークについてのさまざまなレクチャーをしていただいた。

Ａｉ先生によると、以前にＬｏｔｕｓさんが受けたものと、私が受けるものとでは、内容がかなり違ってくるという。それは、ハイアーセルフのミッションと関係があるとのことである。

Ｌｏｔｕｓさんの場合も、「必然」のタイミングと内容であったそうだ。二〇〇七年にＡｉ先生たちが行われた国内のさまざまな大きなミッションの一環として、日本の龍体の背骨である中央アルプスで神事を行っていた時に、それは【起こった】とのことである。「日本の背骨」に、根源からの光を降ろす神事であったのだ！　この時、ファシリテーターとエネルギーの媒体となるクリスタルのような存在は、別々の方がやりやすかったそうで、永遠の子供のようなエネルギーを持つＬｏｔｕｓさんが、さまざまな意味でぴったりであったとのこと……。

（＊最近、アカデミーのマスター・コースの内部では、エネルギーの学びの一環として、メンバー同士でハイアーセルフのエネルギーを感じ合い、チャネリング・アートを創るというワークがある。これまでに絵など描いたことがなかった人が、素晴らしい、ビックリするようなアートを描くようになる。私はＬｏｔｕｓさんを描いた時に、永遠の子供である「子供の神様」というメッセージが神界から来た。クリスタル・チルドレンの守護者でもあるようだ）。

そしてＬｏｔｕｓさんにとって、その神事・ワークの「媒体」となること＝「スシュムナーのクリスタル化」のイニシエーションとなったのである！　本人に尋ねると、それから三日三晩、エネルギーが全開になったとのこと！　そしてやはり、大きく変化したようだ……。

Ａｉ先生（というより、Ａｉ先生をファシリテーターとした、スピリチュアル・ハイラーキー全体）からの個人セッションでは、次に「スシュムナーのクリスタル化」に関する全般的な話をしていただいた。

そのトータル、本質、意味等についてである。それらは中々表現できるものではなく、書ききれるものではない。詳しくはＡｉ先生の『天の岩戸開き』を読んでいただくとして、ざっとまとめると次のようなものである（これらは中今・最新の神智学を理解していると分かるとのこと）。

・人の究極とは、宇宙のミクロコスモスである。
・それは惑星（地球）と、人の関係においても同じである。

・人体の七つのエネルギー・センター（チャクラ）と、地球の七つのチャクラは、対応している！
・七つのエネルギー・センターを中心に展開している、人体の十四万四千の「ツボ」も、同様である！
・それだけではない！　最も重要なことは、「地球に存在する意識のエネルギーの総体が、地球の七つのチャクラ、そして地球のセントラルサンとなっているということ」なのである！
・これで、地球とその総体のアセンションにとって、一人ひとりと地球全体が、どれほどつながっているかということが分かるであろう！
・そして、一人ひとりが、人々と地球全体のアセンションに、どれほど貢献することができるか、分かるであろう！

それらに関するＡｉ先生の地上セルフの、今生におけるさまざまな事例や体験談も聞かせていただいた。それによって、なぜこのワークが重要なのか、どのような意味を持つかについて、より理解をすることができた。

さらに重要なお話もあった。「アセンション」という意味において、ここから先は、もう「後もどりができなくなる」とのことである！

ようするに、エネルギー・センター（チャクラ）が、【全開】となっていくのだ！！！

そして、前述のように、宇宙の進化を司る高次のネットワーク、スピリチュアル・ハイラーキー全体と関わる事象であるため、ここから先は、（さまざまな徘徊をやめて）現在学んでいるアセンションの方向性にフォーカスし、それをトップ&コアとして、一本化する必要があるとのことであった。知識を得るということは、力を得るということでもある。それらに関する高次のマルヒも多々あるがゆえに、責任も伴うのだ。

その地上のポータルとなるかどうかの選択は、自由意思として、各自に委ねられるとのことである……。


……これらはまさにその時、自己の奥深くで感じていたことであった。そして、それを妨害しようとするさまざまなエネルギーも感じていた。

だから、その時、私にはすでに一片の迷いもなかった。

それを、声に出して言うか言わないかの時……！！！

Ａｉ先生が突然、「あっ！！　来ましたね！！」と言う！！

えっ！？　何が？　何が？

「ものすごいエネルギーですよ！　分かりますか？」

えっ！？　何が？　何が？

ＵＭＭＡＣ「うーん、何やらすごい感じはするんですけど、ちょっと頭が朦朧《もうろう》としています。分かるような、分からないような……。詳しく説明していただけますか？」

Ａｉ先生「無理ありませんね！（笑）すごいエネルギーですから。うーん、母船かな？　ちょっと違いますね。いろんな所からエネルギーが来ているようです。……待っててください」

そう言うと、Ａｉ先生は何やらエネルギーを調べているようだ。しかしその間、ものの数分もかかっていない。

Ａｉ先生「すごいですね！　太陽系中に、高次の船が展開していますよ！」

ＵＭＭＡＣ「へっ！？」

Ａｉ先生「十月のシリウスの高次の船のオペレーションの時と似ています。しかし今回、その役割を担っているのは、太陽系神界連合（アシュター・コマンド）の高次の船たちです。

地球におけるこの『スシュムナーのクリスタル化』、すなわちエネルギー・センター（チャクラ）の本格的な活性化のワークは、トップ＆コアでは、地球ハイラーキーの長のサナート・クマラが司っています。

ゆえにそちらへ意識を向けていたのですが、不思議だったのは、この変容のためのエネルギーが、どこか地球の外から来た感じがしたからです。しかも、どこか一カ所というのではなく、あらゆる方向から、という感じで！　そこで意識をフォーカスしてみると、地球の周囲に無数の太陽系神界連合の船が展開していたという訳です」

ＵＭＭＡＣ「はあ……」（目が点！）

しかし私はそこで、ハタとすべてが観えてきた！　Ａｉ先生がおっしゃるエネルギーが、まさにありとあらゆる方向から、Ａｉ先生に向かうのが観え、それを感じたのだ！

そういうふうに観えるということを、Ａｉ先生にもお話しした。

Ａｉ「なるほど！　このエネルギーは予想以上に莫大なものであったので、ＵＭＭＡＣさんに直接入るのではなく、いったん、私を介してそちらへ送られているのでしょう」

ＵＭＭＡＣ「なるほど……」

Ａｉ「いつもそうなのですが（笑）今回も、中今ライブの、とても大きなセレモニーとなったようです。真の宇宙レベルのセレモニーは、宇宙の高次と地上セルフ、双方のコラボで、同時に起こります。

ですから今回は、ＵＭＭＡＣさんだけではなく、サナート・クマラ、そして地球そのものにとって、とても重要なイニシエーションであったのです。ゆえに太陽系神界連合が、総出でサポートしていたのです。

この内容が、どのようなものか分かりますか？」

ＵＭＭＡＣ「？？？」

Ａｉ「これは、『地球』そのものの、『スシュムナーのクリスタル化』のワークであったとのことです！」

ガーーーン！　（目の前が真っ白に……）

ううむ、なるほど。だからサナート・クマラがとても気になっており、関係がある感じがしていたのか？　だがしかし……。

Ａｉ「それらのエネルギーの源は、一なる根源神界に発しています。ゆえに今回は、そのエネルギーを地球に流入させるために、太陽系神界連合の高次の母船が、一なる根源の光とエネルギーのトランスミッション、媒体、転送装置となるためにサポートをしてくれたのです」

驚く内容は、それだけではなかった。

Ａｉ「サナート・クマラ、そして高次の神界のネットワークは、もう一つ、重要なことを伝えてきています！」

ドキドキ……何だろう？

Ａｉ「今回のＵＭＭＡＣさんのパターンの『スシュムナーのクリスタル化』のワークとは、イコール、『地球のスシュムナーとチャクラの活性化』のワークとなります。そして地球においてはこれから、このパターンがスタンダードとなるとのことです。実際はさきほど述べたように、神界・高次全体のコラボによるものですが、地球におけるこのイニシエーションの責任者は、サナート・クマラとなります。

そしてここからが本題ですが、アカデミー以外でこのパターンのワークを体験した第一号として、ＵＭＭＡＣさんにこのワークを伝授する力と権能（高次からの公式なライセンス）が、サナート・クマラから来ています。それを受けますか？　もちろん、選択は自由です」

（ふたたび意識が真っ白に……！！！）

大変なことになってしまった……。地上セルフの頭の中は、パニックである。

それを受けると言っても、何をどうしてよいやら、さっぱりわからない。

受けたいとは思うが、そういう状況であるとＡｉ先生にお伝えした。

Ａｉ「心配はいりません」

本当かなー……？（汗）

Ａｉ「地上セルフにとって、このワークは、地球で古来から言う『クンダリーニの覚醒』と全く同じものです。ただし、今回の地球・宇宙の特別なアセンションの時期に、今生で宇宙から地球に入ってきた多くの人々の場合は、準備ができた時に、今回のような形で、高次から、光のエネルギーがサハスラーラ（頭上）から背骨を通って降りてきます。そうした人々（アセンション・ライトワーカーの卵）が、潜在的にある程度チャクラが活性化しているからであり、適切な指導を受け、準備を行えば、その覚醒が早いからです。

ＵＭＭＡＣさんの場合は、過去の分身（過去生）においても、今生でも、エネルギーの活性化について、かなりの修業をしてきています。ですから、今回のワークに参加する許可が降りた訳です。あとはメンタル的な問題だけでしたが、それが外れた瞬間、ゲイトが開きましたね！！！

今回のエネルギーはとても莫大だったので、地上セルフの意識とボディがそれらを処理し、認識し、体感するまで、少し時間がかかるでしょう。

さらに、ここからが重要なのですが、チャクラの活性化とは、イコール、地球と一体となる、ということなのです！　ここからが、真に地球ハイラーキーに参加する、ということなのです！　それを常に忘れないようにしてください！

そして、地球との一体化により、さまざまな変化も感じるでしょう。しかしそれは自分とハイアーセルフが、人々と地球に偉大なプラスの働きかけができるということなのです！

これも、常に忘れないでください！

【正式なる地球ハイラーキーの一員へ、ようこそ！】と、サナート・クマラをはじめとする地球ハイラーキーのマスター方が言っています！　おめでとうございます！　よかったですね！」

たしかにめでたいのだが、この時は、あまりの内容の大きさと意味に、引き続き頭が真っ白であった……。

そこで再度、Ａ.ｉ先生とサナート・クマラが言うその地球のエネルギー・ワークとミッションについて、今はまだ、何をどうしてよいやら分からず、不安であることを伝えると、やはり「心配ない」と言う。

「必要な内容は、その都度、サナート・クマラを中心に、ハイラーキーが伝えてくる」と言うのだ！

そこで、ひとまずは心配しないことにして、帰り道に色々と反芻していると……！

どうやら、さっそくそのエネルギーが来たようだ！

セッションの中でA・i先生が説明してくださった、「地球の活性化」の真の意味における具体的なワークの展開。それについて、イメージ、メッセージが伝わってきたのだ！！

その内容は、地球を癒したり、地球の背骨である地軸をサポートするためのものであった（＊詳細は巻末を参照ください）。

さっそく、帰る道々、その内容についてまとめていった。

ただし、地上セルフ一人ひとりに対する「スシュムナーのクリスタル化」のイニシエーションは、前述のように、クンダリーニの本格的な覚醒となるため、一定の準備と条件が必要であり、現在の所はアカデミーのマスター・コース以上のメンバーについてのみ行ってもよいという許可が、ハイラーキーとA・i先生からあった。

（＊その後、マスター・コース、インストラクター・コースのメンバーの希望者に対して順次行っていき、多大な成果を挙げている。行う側としても、一人ひとり違う貴重なデータをたくさん蓄積することができた。

このワークには、本当に無限の意味と内容がある……！ 対象とする存在のエネルギーのさまざまなレベルと、まさに交流し、融合し、本当に一つとなっていくものなのだ！）

今回のイニシエーションは、驚くべき内容の連続であったが、素晴らしいツールの誕生となった！

全宇宙・全高次よりの恩寵

今回は本当にびっくりするような体験だ。

二〇〇八年十二月二十一日金曜日の夜、寝る前にその日2回目の活性化ワークを行なった。布団に入ってからいつもはエネルギー調整、光の保有率増加を大天使メタトロンや高次にお願いするのだが、その日はなぜか自分でも判らないが、別のお願いをした。一なる根源、神との一体化だ。

そして夢を見た。夢の中ではA・i先生といっしょにエネルギーワークをして、そのあと地球の外側に意識が移り地球を眺めていた。地球は青くきれいだった。宇宙からはたくさんの七色に輝く光の球が地球に向かっていた。

そのとき、突然頭部に違和感を感じて目が覚めた。

次の瞬間！！　まさに、ありとあらゆる方向から！！　エネルギー流がシャーシャーという音をたてながら頭頂部より入り背骨に断続的に流れた。熱さも痛みもなく背中を伝わり、尾骨で終わる。時間にして数分だと思うが、とても長く感じた。

その間、これが覚醒なのか、変なエネルギーでなければいいが、など色々考えながら終わるのをじっと待っていた。時計を見たら午前2時だったがその後は恐怖感もあり、しばらく眠れずにいたが、いつの間にか寝てしまっていた。

そして、再び、2回目の流入があった。午前6時頃だった。今度は冷静に分析してみた。1回目とほぼ同じように頭頂部から入ったが、今度は連続的でシャーーーという整流のような感じだ。背骨に沿ってびりびり感があった。数分で終わった。

そのあと体が仰向けに寝たままの状態で浮上した感じがあり、ゆっくり3回転した。リアルに感じてはいたが、肉体のままではなくアストラル体でのことだったと思う。

その後、浮遊し始めた。目は閉じているはずなのに家の中がはっきり見えて家族にも会った。

このすさまじい体験はなんだったのだろう。自分は冷静だ。

意識もしっかりしていた。肌で色々感じたので、夢ではないようだ。階下での話声も聞こえていた。やはり現実か。

実際、現実だとすればなぜ、どういう目的でこの現象が起きたのか。

高次の声を聞いてみた。

―高次の声―

このエネルギーは、あなたに関わる高次が、まさにありとあらゆるところから送られたものである。Ａｉ先生が受け取ったエネルギーと同じものともいえる。あなたをサポートしてくれる神界、天界、高次のマスター、グレート・ホワイト・ブラザーフッド、宇宙連合、銀河連合、そして宇宙史時代のシリウスの同朋、あなたの未来生であるアンドロメダ、あなたに宇宙のアセンションの助けを求めている存在からくるものであった。

これはあなたが望み、そしてまた我々が望んだことでもある。

あなたは、スシュムナーのクリスタル化にははっきりとコミットメントしていなかったことを自覚していると思うが、ハイアーセルフは了解し、あなたもそれを望むだろうと高次は判断し……というよりは、あなたに何が何でもやってもらいたかったのだ。

有無を言わせず見切り発車し、少し強引なところがあったが、許してほしい。

その後にあなたが地球・チャクラ活性化瞑想を一生懸命、喜びを持って行っているのを我々は確認し、それをあなたのコミットメントとした。

だから、あなたへのイニシエーションは１週間遅れたのだ。

あなたは地球上のみでなく、全宇宙からのミッションを託されており、あなたが地球に入植する前に、そのことは了解しているのだ。

イニシエーション後、即座に頭に浮かんだ地球・チャクラ活性化瞑想は、あなたのオリジナルと思っているが、それはサナート・クマラによるチャネリングインスピレーションだ。今後、このクリスタル化を有効に使い、広め、アセンションに役に立ててほしい。

あなたの頭頂部のチャクラが、ほぼ全開してきた。もうじき色々な情報もはいってくるだろう。今回あまりに多くのエネルギーが流れて、肉体が驚きアストラル体が離脱してしまったが、意識を持っての明確な幽体離脱であり、このことが可能になると、母船の搭乗も可能となる。今後は高次の出来事も覚えていられるだろう。

クリスタル化のイニシエーションは、今までに受けた恩寵、神秘現象の中でも、最もすごいものであった。まさにハイライトだ。

ここにおいて初めて、アカデミーが神界・天界・ハイラーキー・宇宙存在のサポートをいかに強力に受けているかを、そしてA・i先生が本当に、各界とのつながりが強いということがよく分かった。ずっといっしょにがんばっていこうと決心がついた。

Ａｉ先生のセッションは、一見、とても自然に対話している感じであるが、すべてのセッションがエネルギーワークであるらしい。それは、ＤＮＡに直接ゆっくり作用するので、最初は、本人は何も感じないくらい、自然な形で変容していく。しかし、それが細胞になじみ、効果が出てきた時には、エネルギー状態が莫大に変化している、ということらしい。

そして私も今、それを実感し、確認できた。

振り返ってみると、確かにセッション後は、色々な神秘現象が起こったり恩寵をいただいたりしていた。見えない世界のことが見える形で現われてわかってくるのは、楽しいものだ。

今、点と点が線でしっかりつながった。

その後のプロセスから中今へ

その後も、日々、ハイアーセルフ、高次のネットワーク、Ａｉ先生の指導の元、アセンションとライトワークに関するさまざまな学びと実践の日々となっていった！

スシュムナーのクリスタル化のワークも、まずはアカデミーの正規メンバーを中心に展開させていただき、多大な効果を上げることができた。

その他、数々の重要な内容や、セレモニー（神事）等もあり、それらについてはまたあらためて、詳細にまとめたいと思う。

そして二〇〇九年六月。重要なシフトの時が訪れた。Ａｉ先生にお聞きすると、今回、Ａｉ先生が地上で最初に「シリウス・プロジェクト」として中今（白峰）先生とコラボレーションをされたのも、二〇〇四年の六月であったとのこと。

やはりシリウスは、６という数霊、次元の要なのだ（※中今先生によると、６６６の総根源界とのこと）。

また、二〇〇九年六月には、前述のように、Ａｉ先生主催のある重要な会合が都内某所で開かれた（その重要性と内容は、数年以内にほぼ明らかになるらしい！）その会合の中で、Ａｉ先生のご紹介で、中今（白峰）先生直接の、ほぼ1時間にわたる、非公式の個人セッションを受けることができた（現在、中今〈白峰〉先生は、個人セッション等は通常は行われていないとのことである）。

セッションには、Ａｉ先生も立ち会ってくださった。

セッション及びマル秘のミーティングの内容は、中今の神界や今後の神事にも関わるので、まだ公開できないこともあるが、この個人セッションでの中今（白峰）先生からのアドバイスにより、本書の誕生となったのだ！！！

そして二〇一〇年九月の、高次のミッションによる、念願の、高次のアセンション統合医療を目指した医院の開業が、スタートしたのだ！

本書の出版にあたって、中今（白峰）先生からも、最新の、素晴らしいメッセージをいただいた。巻末で、そのご紹介と、心からの御礼を申し上げたい。

意志と叡智と愛と光の高次はすべてつながっているが、この壮大なアセンションという時と場のひのき舞台に導いていただいた、Ａｉ先生。本の出版と開業に、温かいアドバイスをくださった中今（白峰）先生。

そしてこれからともに、地球のアセンションを成し遂げていくライトワーカーたち。

明窓出版の皆さまにも、心からの感謝をお贈りしたい。

第二章　対　談

アセンション・ファシリテーター Ａｉ ＆ ＵＭＭＡＣ

A・i先生について

まずは、アセンション・ファシリテーターのA・i先生のご紹介をさせていただきます。

二〇一〇年六月に、明窓出版から『天の岩戸開き――アセンション・スターゲイト』という、中今のアセンションにとても重要な本を出されていますので、ご存じの方も多いかと思います。素晴らしい本ですので、ぜひお読みになってください！

私から観たA・i先生ですが、今生では宇宙のアセンションの型をつくるという目的、そして、神人を創生し、地球のアセンションを成功させるという目的で誕生されています。そのため神界、天界、ハイラーキー界、宇宙存在とつながり、さまざまな形のサポートを受けています。

長期にわたって表の活動はされず、地球と人類のアセンションのための活動を、高次とともに行ってこられました。私たちの知らないところでは、地球、宇宙のエネルギーの調整、各界の調整などをされたり、宇宙の高次直営の最新のアセンション・アカデミーのメイン・ファシリテーターとして、アセンション・ライトワーカーの育成と実働を指揮しておられます。

現在、地球と宇宙のアセンションがクライマックスにさしかかっており、高次各界の要請により、前述の『天の岩戸開き』の出版や、本書の出版のプロジェクト等を行うこととなりました。

本日は、読者の方々のために、アセンションに関してさまざまなことをA・i先生にお聞きしたいと思います。

現在の地球・宇宙のアセンションの中で、どういうことが重要になっていくのか。アセンションをするためにはどうしたらよいのか。五次元人とは？　神人とは？　そして、今後地球はどうなっていくのかというようなことについて、マル秘情報も含め、可能な限り、ぜひ色々とお話ください。

ではＡｉ先生、どうぞよろしくお願いします。

ＵＭＭＡＣについて

Ｕ：まず最初に、できましたら私ＵＭＭＡＣについて、Ａｉ先生からの観点で述べていただきたいと思います。他者紹介になりますし！

Ａ：そうですね！　うーん、我々のアカデミーのメンバーの皆さん、一人ひとり素晴らしく、ものすごく個性的なのですが、ＵＭＭＡＣさんはピカイチですね！

Ｕ：そうですか（正直、嬉しい）。例えば、どんなところがでしょうか？

Ａ：色々ありますが、まとめてみましょう。ＵＭＭＡＣさんは、過去の分身（過去性）が、いわゆるヨガの修行をかなりされています。要するに、チャクラやエネルギーについて、とてもよく学んできているということですね。ですから、潜在的に非常にエネルギーに敏感で、繊細です。有史以降では、主にインドでの学びが多いです。

アセンディッド・マスターとのつながりも強いです。今お話したのは地球上のことに関してですが、アカデミーのメンバーの皆さんと同様、宇宙史もすごいですね！

そしてこれはとても重要なことですが、ここの宇宙とNMC（アセンションした新マクロ宇宙）のアセンション・ライトワーカーのトップランナーは、必然的に、ある最も重要な共通点を持っている、ということです。

まずは、NMCに関心があること。知らなくても、必然的につながってきて、とても惹かれるということ。何故ならそこは、一なる根源に最も近い領域だからです。そしてここの宇宙で最も高次の領域であったアンドロメダとつながっていること。さらにその奥の院であり、ここの宇宙の宇宙最高評議会があったアインソフとつながっていること。それらについて知らなくても、そのキーワードを聞いたり、そのエネルギーに触れると、とても惹かれること、等です。

そして何よりも、地上で必然的に「出会う」ということですね！！！

U：ありがとうございます！

A：地上セルフがまだ昇華すべきことに関しては、ここでは触れないでおきましょう！（笑）現在では、地上セルフとハイアーセルフがよくご存じだと思いますから！

U：それは助かります！（笑）

A：アカデミーの皆さんも、UMMACさんも、まさに「日進月歩」で日々、スーパー・ワープのアセンションを遂げています！！！　一週間、一か月、一年。高次との個人セッションや、イニシエーションの後などは、数日で、「別人28号」ですね！

U：まさにです。メンバーの皆さんのアセンションぶりと変貌ぶりを観ていると、本当にそう感じます。アセンションとライトワークは、至上の歓喜であり、幸福であるとともに、地上では大変な面も多々ありますが、ソウルメイトであり、宇宙の家族、アセンションの家族である仲間との愛と笑いの中での支え合いや学び合いがあるからこそ、続けていけるのだと思います。

チャネングについて

U：チャネリングやリーディングに関してですが、それらは真には、アセンション全体の中の「ごく一部」であり、「必然」のものであると、いつもA.i先生はおっしゃっていますよね。

A：ヒーリングもですね。

U：はい。それらについて、もう少し詳しくお話していただけませんか？

A：チャネリングとリーディングは、ほぼ同じようなものなのですが、あえて分けるとすれば、前者は、高次の存在とのコミュニケーション、後者は宇宙のアカシック・レコードを読むことであると言えます。

これらの能力は、本来は特別なものではなく、誰にでも備わっているものです。ただ、物理次元どっぷりの波動と文明の中で、その能力が退化したり、減少したりしてしまったということなんですね。宇宙の高次の社会では日常的なものであり、それこそが通常のコミュニケーションであると言えます。ですから、まずはその能力がないと、アセンション後の世界で困ることになるだろう、ということですね！（笑）

アセンションとの関係で言えば、まずはハイアーセルフや高次の存在たちとのコミュニケーションができるようになることが不可欠です。物理次元のものではなく、エネルギーの次元ですから、チャネリングやリーディングの能力が必要になるのです。まずは、チャクラの活性化が必要です。チャクラがエネルギーの基本的なセンサーですので。

そして、真摯に人々と地球のアセンションのための奉仕をしたいと思い、行動に移すならば、必然的にチャネリングやリーディングの能力も開花すると言えます。アセンション＝ライトワークの法則と同じです。

U：なるほど、よく分かりました。ありがとうございます。たしかにメンバーの皆さん、その通りとなっていますね！　必然のタイミングで、必要に応じて、チャネリングやリーディングができるようになる！

ところで、今のお話と関係すると思うのですが、世間には、チャネリングやリーディングによるさまざまな情報が溢れています。それらの内容は必ずしも一致しているとは言えません。それについてはどう思われますか？

A：チャネラーの個性というフィルターを通しているということもありますね！　しかしその上で、私から観て重要だと思うのは、「違う点」ではなく、「共通する点」ですね！　それをグローバルに観ていくと、重要なMAPとなっていきます。集合意識と関係していきますから。そして高次からの最新メッセージでは、これまでの情報やメッセージは、「高次から降りてくるもの」であった。そしてこれからは、「すべてを伴って上昇していくもの」が重要である、と！　真の高次、トップクラスになるほど、共通していきます。

U：なるほど……！　一方的に情報を与えるような、これまでのパターンでは、「依存」を生んだりしていたと思います。その後、迷いや疑問が出て、チャネラー巡りなんていうのもよくあるようです。

医療の現場でもこのようなものはあります。検査等では説明のつかない症状の場合、自分の納得できる答えを言ってくれるドクターに巡り合えるまで、主治医を変えていくんですね。ドクターショッピングというのですが、同じような現象ですね。
一方、アカデミーでは、自分の内なる神、魂、ハイアーセルフとつながることをまずは最重要視し、その訓練に最大のポイントを置いていますね！
A：（超）古代からのハイラーキーのアカデミーでも、実はすべてそうだったのです。
U：これまでの自己を振り返ると、色々と耳が痛くなることが多いです（笑）。私もしょっちゅう道に迷っては、そのたびにＡｉ先生に軌道修正していただきましたから。

『中今』について

U：『中今』という言葉の意味について、探求したいと思います。この『中今』については、一見簡単な言葉のように聞こえながら、実はアセンションに関する深い意味があるのではないかと感じます。
A：そうですね！　では今回は、ＵＭＭＡＣさんを通した角度からも観ていきましょう。
U：私は当初「中今」とは、直線的な時間軸上において、過去と未来にはさまれた、真っ只中の「現在」という意味だと思っていました。しかし最近では、多次元宇宙空間においては、実は時間は直線状ではなく、過去と現在と未来は同時に存在するらしい……と感じるようになりました！

だから今は、「中今を変えていくと、未来だけでなく過去も変わっていく」と考えています。

A：その通りですね！

U：以前にAi先生のアカデミーで学んだ内容の一つですが、この地上の3D（三次元）での時間軸が、直線的（に感じる）ということにも意味がありますね。3Dでの「体験、学習」後の評価をしやすいと思います。その意味で、原因と結果を直線状に観るということも分かりやすい。それにより、「自分がどれだけ進化・アセンションしたか」ということを、直線状（縦軸）にのせて自己比較することができ、また自己評価することができると思いました。

A：そうですね。それが3Dでの学びの意味でもあるんです。

U：多次元世界の中で、時間というものを見ると、過去も、現在も、未来もつながっている。宇宙連合は、ハイアーセルフから観た世界を一つの映画だとすると、3Dの地上セルフから観ているものは、「映画フィルムの一コマ」であると表現していますね。それに対し、多次元（高次）の世界では、同時にその「すべてのコマ」を観て、体験することができると。Ai先生の本によりますと、これらに関する事象をシンボル的に表すと、「マルテン」になると！　「中今」が円（球体）の中心の点で、それ以外のすべて（過去・未来のすべて）が、マルテンのマルであると。要するにすべてがつながっていて、そのすべての鍵を握るのが「中今」である、ということなんですね！　宇宙連合が、「今、ここ」が重要と繰り返し言っていましたが、それが「中今」のことなんですね！ ようやく分かってきた感じがします！

A：まさにその通りですね！

U：私も宇宙連合関連のテキストや、彼らとの実際のチャネリングで色々勉強しましたが、時間というものはそんなに絶対的なものではないようですね。宇宙連合はよくワクワクしなさいと言いますよね。私は最初は、ワクワクすれば楽しいから、自分の周りの雰囲気もよくなって平和になる。だからワクワクがいいんだ、ぐらいにしか考えてませんでした。しかし最近、ある事実に気付いた時に鳥肌が立ちました。ワクワクすると時間が経つのが早く感じる。短く感じるということは、誰もが感じたことのある感覚であると思います。ところが、自分自身が「主観的に」感じる時間。……分かります？　この表現。「実はこれが本当の時間である」というメッセージというか、啓示を受けたのです。

A：うーん、それはとても重要なことですね！　3Dでこれを説明するのはちょっと難しいのですが、それが『魂』のエネルギーなんです。宇宙連合（我々のハイアーセルフ連合）もよく言っていますし、うちのアカデミーでもメンバーによく伝えていますが、「時間」を含め、自己のあらゆるすべての現実を創造しているのは、自己の『魂』であるということなんです。自己の『魂』は、一人ひとりの最初のレベルの真のハイアーセルフであり、自己の『創造主』なんです。自分のトップ&コアである、この『創造主』が、自分のすべての現実をデザインし、創造しているのです。分かりますか？

U：はい。

A：ですから、自己の『魂』であるハイアーセルフにつながり、一体化することが重要であるという意味が分かるでしょう！　そして、『魂』のエネルギーの本質が、「ワクワク」なんですね！　それが自己の内なる神であり、創造主からのメッセージ、信号なんです！　「つながってるよ！　OKだよ！」っていう。ですからこれが、UMMACさんが感じたエネルギーであり、啓示なんですね。あらゆるすべてはエネルギーであり、時間というのも実はエネルギーなんです。そしてその創造の源は、内なる神である『魂』という創造主です。それが五次元の本質なんですね。詳しくは『天の岩戸開き』の本を読んでいただけるとよいと思いますが。

そしてさらに高度なレベルで観ますと、『魂』とは「主観」のエネルギーであると言えます。「個人」としてのトップであるということです。それに対し、『霊』（スピリット）のレベルになると、「客観」という性質が出てきます。高次とのつながりやネットワークとなってくるからです。これらに関しては、アセンションにおいても上級レベルとなっていきますから、参考としてください。

さらに上級になりますと、「全体と個」というテーマが出てきます。これは宇宙規模のもので、永遠のテーマであると言えます。そしてアセンションの中で、真にこのレベルとテーマに入っていきますと、高次とともにアセンションを創造していく、ハイラーキーの正式なメンバーとなっていきます。

U：なるほど。ありがとうございました。数年前から時間が異常に速く経過すると感じたり、時間が短くなったと感じる人が増えていると思います。実際、社会現象の中でも物事の流行や移り変わりも速い。これは現在、地球全体の次元が上昇中で、イコール振動数が上昇しているからだと思うのですが、これもさきほどのお話と密接な関係があるのですね。

A：その通りですね。集合意識全体として、シフトしてきています。そして集合意識全体を円（球）とすると、その中心＝中今となる「点」が重要。それが全体のＤＮＡに当たるものです。それが黄金人類なのですが。

U：まさにそれが重要ですね！　ところでワクワクしている人、何かに夢中になっている人を写真で撮ってみると、別次元波動となっているため、透き通って写ることがあると密かに思っています。そしてこのコンテンツは、「中今」で、まさに高次、ハイアーセルフ、宇宙連合のライブのチャンネルとなっていますね！

A：アセンションにおいては、24時間そうなのですが（笑）。

U：テキストで学ぶことも大事ですが、「すべてはエネルギー」ですから、ライブで、感覚で、肌で、実感する。理解する。それがとても大事だとわかりました。これも一種のチャネリングのような気がします。

では、ハイアーセルフと宇宙連合のチャネリングをライブでまとめてみます。

大事なことは、「中今」を最大に生きるということです。

今ここに、この瞬間に、あらゆるすべてが凝縮されているのです。

ですから、何かを変えたかったら、創造したかったら、それは「今」しかない！

今が変われば、宇宙全体が変わるのです。中今を本当に生きれば、すべてが変わります。

（＊後からわかったのですが、これは中今〈白峰〉先生が、一番言いたいことだそうです！　神界チャンネルだったのかな？！）

私は以前、とても能力のあるチャネラーに会ったのですが、その人は、現在残っているカルマを今生で解消した後に、自分の過去をリーディングしてみたそうです。そうすると、不幸だった過去世が変わって幸せになっていたそうです。このことは、中今が変わると未来を変えるだけでなく、過去をも変えうるということを示していますね！　まさに中今が大事ということですね！

Ａ：中今で今、高次と地球神界からメッセージが来ました！　それを地球規模で適用するために地球に来ているのがアセンション・ライトワーカーであり、ウィング・メーカー（＊歴史を変えるために未来から来ている宇宙連合のチーム）であると！　ですから、アセンション・ライトワーカーとは、未来＝高次、ハイアーセルフから来ていると言えますね！　それを思い出し、そことつながるのがアセンションであると言えます。

アセンションとクンダリーニについて

Ｕ：アセンションでは、意識の覚醒だけでなく、チャクラの覚醒も必要ですね。その一つが一般的にクンダリーニの上昇と言われているものであり、Ａｉ先生の本や、本書でも述べていますように、高次からそのエネルギーが降りてくるというのが最新版で、アセンションの中今であると思います。そのクンダリーニに関するＡｉ先生の実際の体験について、本で書かれていること以外のエピソードなどもありましたら、ぜひお話いただきたいと思います。

Ａ：概要は『天の岩戸開き』に書かれていますが、それ以外の詳細などについて少しお話しましょう。

今生、本格的にクンダリーニに関係する体験が起きたのは九〇年代始めで、ちょうど湾岸戦争が起きた時でした。元々地球のマスター方の計画では、地球時間のＡＤ二〇〇一年までに、地球のアセンションを終了させる予定であったようです。

ところが、これを妨害することを目的とした勢力により戦争が始まったので、最終アセンションの期日は、二〇一二年に延期されたようです。戦争の開始の瞬間とは、物理的にいうと、地球の地軸を支えていた地殻が明確に崩れ去った瞬間でした。そのため、宇宙連合はこの時、地球の地軸をエネルギー的にサポートできるメンバーの緊急招集を行ったのです。

この頃、私は宇宙連合の地上チームのあるマルヒのプロジェクトに参加していました。そのプロジェクトとは、宇宙創始からのあるマルヒの方法を使って、集合意識とのコ・クリエーションで、地球の次元を3Dから4Dに上げるプロジェクトでした。

このプロジェクトは成功しました。プロジェクト・リーダーは、私の宇宙連合での先輩たちであり、私はこの時は宇宙連合の奨めもあり、近い将来の5Dへのシフトのために、さまざまな勉強をするために参加していました。しかしこの緊急事態（まあ色々な内容でよくあることですが）により、一変しました。地上セルフが自分で準備が整ったと思っているか、思っていないかに関わらず、高次によりある瞬間に、「すべてのチャクラ」が同時に開かれました。

後に、地球に来ている他の宇宙系の多くの人々を調査しても同様でしたが、宇宙から来ている多くのアセンション・ライトワーカーは、古代から地球で伝えられている、いわゆる「クンダリーニ」（火）の上昇という状況とは、全く異なります。

宇宙系の人々は、明確に共通しているのですが、潜在的にチャクラがかなり発達しているということもあり、覚醒の瞬間には遥かなる天の高み、天の中心から『一条の光』が、頭頂の中心にまっすぐに降りてきます。そしてその光が、背骨の中心を通っていきます。それは、とても涼しい感じがする光です。火の上昇ではなく、光の柱が天頂から、静かに降りてくる感じなんですね。

そして、ここまでは良いのですが、ここから先が大変でした！　「すべてのチャクラ」が真に開くと、あらゆるすべてのエネルギーと情報が、一斉に入ってくるからです。二十四時間、フルコンシャスで、すべてのチャクラが完全に開いた状態で、さまざまな情報やエネルギーを、ハイアーセルフ・高次とともに自然に選択できるようになるまでには、十年位かかりましたよ。

当時は地球の次元や波動が現在と異なっていましたし、私の場合は特殊なミッション（神人ライトワーカーの先陣！？）というのがありましたので、ある日突然、そうなりましたが（それらも大いなる自己の選択です）、アカデミーのメンバーの皆さんのプロセスを観ていてもそうですし、読者の皆さんの場合も、現在はもっと楽になっていると思います。

しかし、宇宙連合チームの地上の先輩たちによく言われていましたが、そうしたことも先人たちの多大な努力の上にあるものであり、それを忘れてはならないですね！

U：ありがとうございます。とても参考になります。宇宙連合とハイラーキーの仕事の一つである、地球のチャクラの活性化と地軸の安定化。それがまさに本書の「付録2」である、高次から受信した「地球チャクラの活性化」のワークですね！　私はこの時に初めて知ったのですが、地球の創始から重要なワークだったのですね！

A：そして中今も、これからも、ですね！

U：ところでAi先生のアセンション・アカデミーにおいて、ハートセンターと『魂』が最も重要であるとよくおっしゃっています。それについて、もう少し詳しくお話ししてください。

A：『魂』は、神の分身、分御魂です。ですから、魂とは、一なる根源の光そのものです。ヒトで言えば、その中心の太陽です。そしてチャクラは、そこからプリズムで分光する七色の光線です。ですから、すべてのチャクラが活性化すると、魂が活性化し、魂が活性化すると、すべてのチャクラも活性化していきます。

最初に最も重要な鍵となるのが、ハートセンターです。ハートセンターが活性化することが、すべてのチャクラの活性化、そして魂とのつながり、魂の発現への最短距離となります。逆に、ハートセンターが活性化していないと、他のチャクラも真には活性化しません。エネルギー、力、知識を、正しく使うためですね！

そして、それらの真の目的は、『魂』とのつながり、『魂』の発現です。なぜならそれが、神人としてのエネルギーとなるからです！

U：このように考えると、魂も一種のエネルギーセンターなのですね。また、人体の中のセントラル・サンであるという考えは重要ですね。

宇宙連合について

U：【宇宙連合】というものについて、私も含め、読者の皆さんも、実は分かっているようで分からない、そんなふうに感じているのではないかと思います。Ａｉ先生のアカデミーでは、宇宙連合とは、分かりやすく言えば我々のハイアーセルフ連合である、と言っています。

それはとても分かりやすいのですが、宇宙連合について、もう少し詳しく開示していただけるといいと思っていましたら、ちょうどアカデミーで、メンバーオンリーの資料にその詳しいものが出ていました。Ａｉ先生と高次の許可を得て、左記にその内容を添付します。

—Ａｉ先生資料より—

宇宙連合の詳細について、一般的にはまだほとんど知られていません。現在皆さんが宇宙連合と認識しているものは、地球暦ＡＤ一九九〇年前後から、全宇宙規模に拡大しています。

それ以前は、地球領域への直接的な関わりは、主にプレアデス・オリオン連合が主でした。我々は現在それを「旧」宇宙連合と呼んでいます。

一般的に知られている宇宙連合の活動は、氷山の一角である、ということです。宇宙連合に関して名前を知っていても、どれくらいご存知でしょうか？　宇宙連合に関して真に述べることは、簡単なようで難しいですが、宇宙連合の特色とその活動についてまとめてみますと、次のようなものになります。

1．高次の系統の中で、活動領域が最も〈多次元〉にわたる！　それは、文字通り〈無限〉であると言える！

彼らのミッションを一言で表すとすれば、まさに文字通り、宇宙における【究極】の探求、そしてその【実践】であると言うことができる。

それはイコール、宇宙における、無限の、【無条件の愛】の探求と実践である。

2．彼ら自身も述べている通り、その真の実態とは、現在の地球人類から観ると、「ハイアーセルフ」、「フューチャーセルフ」であり、それらのすべての「連合」である、というのが最も真実に近い。

彼ら自身は、一度も「宇宙連合」という名称を使ったことがない。「多次元世界連合」のような表現である。

宇宙連合という名称は、日本語訳の慣例となっているが、単に三次元的な「宇宙人」の連合であると勘違いされている場合も多い。

3．すべての高次のネットワークは、特に地球時間ＡＤ二〇〇一年以降、すべてつながり、ワンネスとなっている。

宇宙連合のトップとは、明確に言えば、神界や、スピリチュアル・ハイラーキーの主なマスター方のひとつの側面でもある、と言える。

4．宇宙連合の役割とは、前述の内容から鑑みても、真には〈無限〉であるが、その九十パーセント以上は、「表」では知られていない。その「裏」の活動、真の活動の中から、比較的分りやすいもので公開可能なものについてをいくつか挙げると、次のようなものである。

(1) すべての次元にわたる、さまざまな、詳細なサポート。例えば、神界や霊界等に関わる繊細な事象も含む。その他、宇宙全体にわたって、他の高次の界がカバーできないもののすべて！

(2) 高次の宇宙科学による、破壊的な地殻変動を抑えるための活動。主に高次の母船による。銀河連邦、宇宙連合、アンドロメダ連合等の連携による。それぞれ担当領域と規模、次元が異なる。アンドロメダ連合は、銀河規模の事象の対応の時に動く。

(3) その他、アセンションに関わるすべての活動。一人ひとりのアセンションのサポート。（ハイアーセルフ連合ですから！）

銀河連邦のバックには宇宙連合、そのさらにバックにはスピリチュアル・ハイラーキー、そして神界がある。それは現在の高次のワンネスのネットワークと同じであり、宇宙のすべての存在のアセンションMAPと同じである。

それらは中今では、トータルして神界宇宙連合と呼ばれている。

U：いやー、この内容はほんと、すごいですね！　観た時に驚きました。私も宇宙連合については知っているようなつもりでしたが、じゃあ宇宙連合は何をやっているのかと聞かれたときに、大きな母船で地球を守っているのか？　くらいしか、イメージが湧いてきませんでした。

……うーん、これはまさに宇宙の「ヤタガラス」ですね！！！

A：そうなんです。ですからその真の紋章も……そのへんは「ピー」が入りそうなのでやめておきます。（笑）

U：Ai先生は、宇宙連合の母船及び宇宙連合のメンバーと、地上で公式に会見したことがあるとのことですが、その詳細の資料も、メンバー・オンリーで公開されていますので、許可を得て、可能な範囲の一部を今回、公開させていただきます。

Ａ：私も今生、地上で初めて公式に宇宙連合と会見をした時に、宇宙連合という存在について、色々と深く理解しました。長くなりますのでここでは詳細に説明できませんが、その時の話の中には、神界のこと、霊界のことなど、とても繊細でライブの内容も含まれていました。とても多次元的な事象なんです。まさにハイアーセルフ連合ですね！ 今生の最初の大きな「ファースト・コンタクト」は七歳の時で、その時は宇宙連合に、「ここの宇宙の外」へ連れていってもらい、「無限」というエネルギーについて教えてもらったのですが、二十代半ばのその公式会見が、地上でのファースト・コンタクトです。

しかし、真のアセンションが最も重要で、無限の体験なのです。

―Ａｉ先生資料より―

宇宙連合との地上での公式会見は、九〇年代初頭に、シャンバラのエージェントであるスタッフたちとともに国内某所で行われました。この頃は、地上での動きも大変激しく、危険な時期であり、さまざまなオペレーションが行われてもいたので、その前後はそれまでにないほど頻繁に宇宙船が出現し、宇宙連合の宇宙側（地上スタッフでない）メンバーも頻繁に現われました。一見、ヒューマノイドの姿をしているのですが、オーラが全く地上の人間とは違うので、すぐに分るんですね。宇宙連合の高次の存在は宇宙マスターですので、だいたい、白銀色に輝くとても強く大きなオーラを持っているのです。

ちなみに私は、高次の宇宙存在、その船、大天使、神様、フォトンなどは自然に見えますが、普通の人間のオーラは、かなりフォーカスを強めて振動数を落とさないと見えません。地上の人類でも、チャクラがすべて活性化し、特にハートセンターが開いていて、白いオーラの人はすぐに観えます。


さて、某所における宇宙連合との地上での公式コンタクトの話になりますが、その時に初めて地上で、身近に母船を観ました。まさに映画「未知との遭遇」の映像とそっくりでした。宇宙連合の宇宙側のメンバーは、外見はヒューマノイド型で、欧米人のように観えるオリオン星人や、東洋人のように観えるプレアデス星人のような感じなのですが、全身、特に目から、オーラというよりまるでレーザービームのような、強く鮮やかで美しい虹色の光線を出していることに気づきます。それらは、鮮烈なハーモニーと言うのでしょうか。音楽も同時に聞こえてくるような波動です。

この会合は、実は地球側の最高評議会のシャンバラと、宇宙連合との会合の場でした。詳細はマルヒなので公開することはできないのですが、深刻な地球側に対して、宇宙連合側は常にポジティヴで、美しいハーモニーであったことが印象的でした。

そして当然と言えば当然なんですが、特に宇宙連合側は「テレパシー」＝【波動、エネルギー】で対話する、ということを実感しました。

その頃は、宇宙連合の地上スタッフとよくその訓練をしていたのですが、自分の意識の中で問いの形になるかならないかのうちに、いきなり宇宙連合側のスタッフから即答されて驚きました！

その会合には、国際的に著名なチャネラーの方も参加されていました。

また、公式会合終了後の座談会（？）では、宇宙連合のメンバーたちと、個人的な話も色々としました。神界のこと、地球アセンションの中今、そして今回、地球に入る前は、月の基地でいっしょだったことなど……。

U：はぁ～。思わずため息が出てしまいました！　すごいですね！　なんとも凄い体験を、そして学びをされてきたのですね。おそらくＡｉ先生からその時のヴィジョンとエネルギーが放たれているので、母船とか宇宙存在などのイメージが、はっきりと浮かんできます。うらやましい限りではありますが、それだけＡｉ先生のミッションも責任重大ということですね。

A：はい。そして、本書でも語られているように、現在、最も重要なのは、内なる神＝アセンション・スターゲイトにおける「ファースト・コンタクト」なんです！

それが、真のファースト・コンタクトなんです。銀河連邦も最近、それについての情報を公開しつつあります。

「内にあるがごとく、外にも！！！」

それによって初めて、外なるコンタクトも起こるのです。

そして、アセンションとフルコンシャスが重要なのです。さきほどの話の宇宙連合との会合の時も同様でしたよ。高次とのコンタクトとは、そこのエネルギー場が、「高次元」になるということです！

ですから、地上スタッフの多くのメンバーがその会合に参加していましたが、完全に目覚めた意識、「フルコンシャス」でその貴重な会合と体験に参加できたのはごく少数だったのです。

高次の存在が同席しますと、ものすごく場の次元と波動が上昇しますから、それについていけないと、トランス状態になったり、眠ってしまったりするんですね（もったいない！！！）

新ミレニアム——AD二〇〇一年について

U：『天の岩戸開き』の本にも書かれていますように、AD二〇〇一年は、地球や宇宙にとって、非常に大きな節目になったようですね。

A：はい。二〇〇一年、一月元旦、零時零分に、宇宙連合によって、地球アセンション号のエンジンが最初に点火されたのです。

同時にあらゆる世界へ向けて、宇宙連合からメッセージが放たれました！

それは、「新ミレニアム」（至福の千年紀）へようこそ！　というものです。

ＡＤ二〇〇一年の宇宙的な事象に関しては、『天の岩戸開き』そのものですので、前述の本を観ていただくのが一番よいでしょう。

『スターゲイト』について

Ｕ：『スターゲイト』というものについて、深く探求してみたいと思います。Ａｉ先生の本、中今の高次、そして本書でも、真のスターゲイト、アセンションのゲイトとは、ズハリ言うと「内なる神」なのですよね！　他方、その内なるスターゲイトに対し、外なるものもあるのでしょうか？

例えば、「スターゲイト」というアメリカの人気映画とＴＶ番組のストーリーのように。

Ａ：面白いですね！　あの番組は。まだ見ていない人のためにネタバレにならないようにしたいのですが、この番組の舞台は「エリア５２」を中心としています。いくつかのシリーズもご覧になった方はご存じかと思いますが、そのテーマはズバリ、「アセンション」なんです！　かなりリアルな宇宙連合も登場します。本書の読者の皆さんはだいたいお分かりのように、これもディスクロージャー（情報公開）の一環ですね。

Ｕ：もし物理的な「スターゲイト」というものが本当にあるのだとすると、なぜそのようなものが造られ、そして必要なのか、教えてください。

A：アセンションと我々のアカデミーのルールのように（笑）、まずは、UMMACさんのハイアーネットとのチャンネルでどうぞ！

U：了解しました。ではこれまでに学んだことも含めて、中今ライブで……。

AD二〇〇一年の地球アセンション号起動以降、やはりアセンション妨害勢力の動きが活発化して、人々と地球のアセンションを推進するには、根源神界の力が必要となってきました。

そして宇宙の高次の太陽神界の女性性のエネルギー（天照皇太神界）が、新マクロ宇宙のポータルとなりました。

それにより、根源神界のエネルギーを、ここの太陽系の太陽をポータルとして、直接流入させることができるようになったのです。

それが中今とこれからの究極のポータル、門、ゲイトなのです。

A：これはまさに、究極のアセンション・ゲイトに関してですね！　中今とこれからのスーパー（超）アセンションにおいては、自己の内なる神であるポータル＝ゲイトを通して、高次の各ポータルを通り、最終的にはアセンションした新マクロ宇宙に至ります。そしてその最短・最大のものは、自己の魂のポータル→太陽系のセントラルサン→根源神界の太陽。そのダイレクトなルートなのです。

これが可能なのは、主に生粋の天津神界族、太陽神界族なのですが、今回の最終アセンションと統合においては、さまざまな宇宙史や系統であっても、究極的にはすべてを統合し、この根源太陽神界族へとアセンション＝回帰していくことが重要な鍵となっていますし、実現しています。

その他、スーパー・アセンションの入門としては、やはり、これまでのここの宇宙のアセンションＭＡＰを用いての学びが効果的な人もいるでしょう。

もう少し「スターゲイト」というものについて詳しくお話ししますと、本当に色々と重要な側面があります。

これまでのここの宇宙のアセンションＭＡＰの話になりますが、一人ひとりの意識のスターゲイトではなく、地球から観た、物理的な、そして最も一般的な唯一最大のスターゲイトとは？　について ズバリ言うとすれば、何だと思いますか？

U：うーん、なんでしょう？

A：ズバリそれは、「シリウス」です！　シリウス領域そのものです。それが、「シリウスの太陽」なのです。

U：うわー！　本書のタイトルそのままですね！　だからこのタイトルなのか！

A：そうです（笑）。本書の巻頭にもありますように、シリウス領域とは、「地球防衛軍最前線」であるとともに、外宇宙とのゲイトなのです。物理的にも、意識のエネルギーとしても。

このシリウス・ルートでそのゲイトを超えるには、サナート・クマラ、そしてシリウス・ロゴスとつながる必要があります。

U：うーん、だから本書の企画となっているんですね。さすが謎の国家風水師先生と、根源神界、太陽神界の企画！

A：まさにですね。しかしこれまでの宇宙史・地球史では、神智学の学徒ならご存じのように、それは大変高度なことでした。

U：Ａｉ先生も、今生では二〇〇一年にそれを体験されたんですよね。

A：はい。この時に、シリウスのスターゲイトと地球を緊急でつなげる必要があったのですが、本来は、ここの宇宙と地球のポータルの人がその役割を行う予定でした。私は主に「ＮＭＣ」（新マクロ宇宙）のポータルがメインのミッションなので、その役割を担う予定ではなかったのです。しかしこの時はまだ、ここの宇宙と地球の準備ができていなかったので、緊急で代行したのです。外宇宙からの妨害も大きく、地球のアセンション時空とそのバランスにおいて、色々と緊急のことがありましたので……

このように、これまでのゲイトは主にスピリチュアル・ハイラーキーの管轄であり、とても高度なものでしたので、中今の緊急・最大アセンションにおいては、根源神界をはじめとして、すべての高次のワンネスのネットワークとともに、セントラルサンの直通ルートや、他のさまざまなルート、そして一人ひとりのハイアーセルフのサポートまで、多岐に渡っているんですね！

U：なるほどです。ありがとうございます。

A：もうひとつ付け加えますと、これらのすべてのアセンション・スターゲイトが開き、使えるようになったのもＡＤ二〇〇一年初頭であるということです。この時に、太陽神界の天照神界を中心とする太陽系神界連合（太陽系のすべての存在のハイアーセルフ）と、宇宙の（未来）時空のすべてを含む宇宙連合が、正式に「連合」し、一体となったのです！

この時からアセンション・スターゲイトが使えるようになり、そして神界と宇宙連合がその準備をしたのです。

U：うーん、なるほど！　これもとても重要なことですね。

太陽の活性化について

U：シリウスの太陽、そしてこの太陽系の太陽が活性化し、フォトンエネルギーが大量に地球に降り注いでいると言われています。これらについて、まずは中今の自分のハイアーを通したチャンネルで述べてみます。

宇宙に存在する太陽はすべて、セントラルサンのネットワークとして、つながっています。神智学を理解していれば分かりますが、これはロゴスシステムであり、宇宙のエネルギーネットワークであり、ポータルのネットワークです。

一なる根源より送られたエネルギーは、通常、宇宙、銀河、太陽系等、それぞれのレベルのセントラルサンでエネルギー量や質の調整をした後、次のレベルへ送られますので、トランスミッション（変圧）のようなものです。

一なる根源から発するこのエネルギーが、こうした調整を経ずにダイレクトに流入した場合、ほとんどの人類は、その肉体を維持することはできないでしょう。振動数が非常に高いエネルギーであるため、電子レンジのような状態となってしまいます。現在は、高次が可能な限り、適切な状態となるように調整しています。

A：このチャンネルのソースは、宇宙のグレート・ホワイト・ブラザーフッド（聖白色同朋団）のエネルギーが多いですね。追加するとすれば、前述のように、中今のトップ&コアは、「根源太陽

↓太陽↓内なる太陽」のダイレクトなルートとなっています。この場合は、「太陽」、そして「内なる太陽」＝『魂』で、ダイレクトに変圧することとなります。

U：新マクロ宇宙（NMC）のセントラルサンは、根源太陽神界、ここの宇宙で天照皇太神界と呼ばれていたものですよね。

A：はい。ここの銀河の創始のセントラルサンはオリオンで、現在はシリウスです。そして今また、オリオンへ還りつつあります。ここの宇宙のセントラルサンは、スピリチュアル・ハイラーキーでは「ロード・キリスト・サナンダ」と呼んでいます。これがここの宇宙からNMC（アセンションした超宇宙）へつながるゲイトです。

U：日月神示の予言には、終末が来ると、火のエネルギーにより人類は焼け死んでしまう、そうならないためには、自らの振動数を上げ、5次元人となる必要があると書かれているという話がありますが、今回のアセンションことだったのですね。

A：そうでもありますが、これも本質的には次のようなものです。

【高いエネルギー】は、温度も高くなりますね！　あらゆるすべてと生命のエネルギーの本源は根源の光、「フォトン」であり、それが物理次元で現れると、さまざまな相互作用により、温度が高くなるということなのです。

ですから、太陽のエネルギーの本質も『光』であり、熱や火ではない、ということですね。それらに関しても、最近、さまざまな情報が公開されていますね（太陽の表面は水であり、平均温度は21度であるとか）。

それらの光の働きを、エネルギー的に観ますと、（浄化の）火にも観えるのでしょう。クンダリーニもそうですね。クンダリーニの本質も、生命の根源の『光』なのです。皆さん一人ひとりの中心太陽である『魂』も同じですね。

ですから、太陽から降り注ぐエネルギーの本質は火ではなく、あらゆる存在の根源における本来の姿＝『光』（ライトボディ）へと変容していくための、神聖な、「アセンションのＤＮＡ」を活性化させるエネルギーである、ということなんです。

Ｕ：では、現在降り注いでいるエネルギーは、人類をより進化・アセンションさせる重要なエネルギーなのですね。このような重要な情報も、恐怖を煽るような内容で出されることもありますが、そういうものは何らかの操作や意図を感じます。

神界と天界について

Ｕ：これまでのアカデミーの学びの中で、「神界」と「天界」の違い、そのはたらきの違いなどについて、大分理解できたように思います。しかしまだまだ知識と経験が足りないと思いますし、より探求を深めていきたいと思います。
そこで、Ａｉ先生がズバリ一言にまとめるとしたら、「神界」と「天界」との違いとは何でしょうか？

Ａ：ズバリ言いますと、「父」（母）と「子」と「聖霊」の三位一体です。この三位一体で観ると、分かりやすいです。

Ｕ：なるほど……。もう少し解説してください。

Ａ：さまざまなことが関係するのですが、トップ＆コア、そしてトータルで理解するためには、「神界」と「天界」の二つだけではなく、そこに常に我々『人』という観点も入れなくてはなりません。
さきほどの三位一体で観ますと、親である神、子たる人、そして親（神）と子（人）をつなぐ聖霊（天界、ハイラーキー）となります。

Ｕ：なるほど！　超わかりやすいですね！！！

五次元人について

Ｕ：アセンションに関するさまざまな情報では、だいたい共通して、地球（地上）、そして人類が、

「五次元」へシフトすると言っていますね。ですから皆さん、「五次元」というものについてとても関心があると思うのですが、その割には巷には、「五次元とは？」についての情報がほとんど無いですよね！　具体的で詳細で分かりやすいものは本当に見当たりませんが、どうしてでしょうね。

A：たしかにそうですね。「五次元」という言葉は、時折耳にしますが、皆さんにとって、「知っているようで知らない」シリーズの一つではないかと思います。「五次元」というのは、身近なようであり、シンプルなようですが、実はかなり高度なものなんですね。それはやはり現在の地球と人々のアセンションにおいて、最初の目的地となり、ゴールとなるものだからですね！

U：では、またしても同じような質問ですが……

A：ズバリ、「五次元とは？」ですね！（笑）

U：はい（笑）。そしてその「五次元とは？」とともに、Ａｉ先生のアカデミーでよく言われる「五次元人」についても、まとめていただけるとよいなと。「五次元人」とは、「五次元の波動になった人」というような意味ですよね？

A：ではそれらを含めて、少し探求してみましょう。「五次元」とは何かと言いますと、ズバリ一言で言えば、『魂』そのものです。『魂』そのものの本質が「五次元」であり、「五次元」そのものの本質が『魂』なのです。

そして「五次元人」とは、自己の内なる神である『魂』と真につながり、一体化し、魂の波動を表現することができる人を言います。

『魂』の本質とは、根源なる神の全き分身、分御魂（わけみたま）です。

ですから、『魂』と一体化し、五次元人となるということは、自らの根源である神の分身になるということなのです。そして五次元の世界になるということは、簡単に言いますと、「神の世界」になるということですね！

他にも、重要なことがたくさんありますので、『天の岩戸開き』の本を参考にしてください。


アセンション後の世界と地球について ―― 宇宙ヤタガラス

U：アセンションに関心がある人たちにとって、最も関心のあることの一つは、「アセンションをしたらいったい、世界や地球はどうなるのか？　人類の体はどのように変化するのか？」であり、その具体的な所であると思います。予言書などでは、ずいぶん怖い感じのものもあるようですが、そのへん、どうなんでしょうね。
まずはアセンションに向かっていく過程、そしてその後に関してなどの中今の最新情報について、ぜひここで少し探求したいと思います。

Ａ：まず予言、予知などに関してですが、真の意味では、「その瞬間」にならないと分からないと言えます。なぜなら、今回の対談でもお話ししましたように、宇宙高次の科学でも、厳密に、「中今」＝「永遠の今」という瞬間しか存在していない、ということなのです！

予言、予知とは、分かりやすく言いますと、「このままのエネルギーで行けば、こうなりますよ」という、一種の予測なんですね。そして、予言、予知を世に出したことによって、結果が変わるということもあります（それも予言の目的でもあるのですが……）。望ましくない未来であれば、それを「変えよう」とするさまざまな意識とその働きが起こる、ということですね！

そしてやはり重要なのは、「中今」「永遠の今」です。ここに過去も未来も、あらゆるすべてを変える【鍵】があるということです。真に望む未来を創造するために！

あと、これはマルヒの話なんですが（時効なので少しお話ししますと……）、あるデータによりますと、実は二〇〇八年以降の、ここの宇宙と地球のアカシックは元々存在していなかった、という情報があります。これはとっても奥が深い話ですので、ご関心がある方は探求してみてください。これには、ここの宇宙と地球の創始からの、神界のプロジェクトが関わっています。日本の創始とも……。

簡単に言いますと、地球と日本の創始に、神界はあるプロジェクトを立ち上げた。名付けるとすれば『神人創生』プロジェクトという感じでしょうか。そのために、現在の地球の時間で言いますと、ＡＤ二〇〇八年まで、地球と日本を護るためのプロジェクトを組み、遂行していった。宇宙のヤタガラスのプロジェクトです。

Ｕ：なるほど。

Ａ：その観方ですと、神界のアカシックには、二〇〇八年以降のことが何も書いていないそうです。「なーんにも」です（笑）。

Ｕ：えーっ、そうなんですか！？

Ａ：これは、どのようなことを意味していると思いますか？

Ｕ：うーん、何でしょうね……。白紙の未来？　そして何も書いてないということは、本来は「そこで終っていた」ということですね。ゲームオーバーみたいに？　そういえば、ここの宇宙の時空の存在とアセンションの神界による本来の期限が、二〇〇八年であったと聞いたことがあります。

Ａ：そうですね！　トータルしますと、実はこの二〇〇八年からが、未来の修正点の大きなポイントとなっているそうです。そして、実際にそうなのです。

そういう、「未来」＝高次から来たアセンション・ライトワーカー、歴史の修正部隊を、別名、「ウィング・メーカー」と言うのです。

これも本当はマルヒなんですが、実は、ウィング・メーカーとは、いわゆる「宇宙連合」の直接的な前身なんです。

U：うわー！　そうなんですか！　と言っても、タイムパラドックスで頭がグルグル……（笑）

A：それが「中今」でもありますねー！　中今を中心に、過去と未来が真につながっている。

U：うーむ、なるほど。

A：そして我々は今、宇宙のすべての次元の存在も含めて、未曾有の時空を生き、コ・クリエーションしているということになります！　すごいですよね、それって！

U：いやー、ほんとですね！

A：ですから、そういう意味でも、あらゆるすべては、「今」この一瞬、一瞬にかかっているということですね。

その他、宇宙と地球のアセンションに伴う変動により、隕石衝突の危険性なども実際に高いのですが、「人智を尽くしても無理なこと」は、宇宙連合等もサポートしてくれます。

でも、地上の問題のほとんどは、地球人類の既存の科学技術や心で、解決できることばかりなのですが！

U：そうですね。しかしさきほどのお話のように、「無限」へのチャレンジというのは、さすが我々のハイアーセルフ連合というか（笑）、宇宙のヤタガラス連合ですね！

すべては『中今』ということですね！　そして、我々の意志！！！

ところで、アセンション後の世界に関してはいかがでしょうか。

A：それもやはり、一人ひとりと全体の、アセンション次第ということですね！　そして、「どのような世界を望むのか」「そのためにどうするのか」です。本来、あらゆるすべてはエネルギーでできており、そしてその創造の源は「意識」ですから。それをどう使っていくかですね。これはすべてのレベル、次元で同じです。そして人類と地球は、アセンションするとまずは五次元になると言いますが、五次元とは、原因＝結果の次元です。すなわち、想像＝創造。意識がリアルタイムで現実化するということです。三次元や四次元では、現実化するまでに少し時間がかかりますが。

U：なるほど。そうですね。

A：しかし、一部のマスター（謎の国家風水師N先生）などがすでに伝えていますように、「アセンションはもう始まっている」のです！！！　これは明確な事実です。『天の岩戸開き』の本に、アカデミーのメンバーたちがたくさんのアセンション体験記を書いてくれましたが、ＵＭＭＡＣさんもすでにかなりの体験をし、ご存じですね！　そして体験した人たちは、互いに分かります。
（まだ人数はそれほど多くはないですが、日々増えています！）

そして、今回の宇宙と地球の最終・最大のアセンションは、「フルコンシャス」が重要です。顕在意識で、肉体を持ったまま、次元上昇＝拡大をしていく、ということですね！　今回は、それがとても重要なことであり、そこに神界とアセンションのマルヒもたくさんつまっていると言えます。

ですから、宇宙船に救ってもらったり、どこか違う世界へ連れて行ってもらうのがイコール、アセンション、ということではないんですね。真のアセンション・スターゲイトと、ファースト・コンタクトは、『内なる神』の中にある、ということなのです。

このへんが、本格的なアセンション＆ライトワーク入門前の皆さんには、なかなか理解しにくい所のようです。

奥深いお話なので無理もないことと思いますが、これが重要な「鍵」でもあるのです。

つまり、望みさえすれば、誰でも、今すぐにアセンションできるんです！

ただし、とってもシンプルですが、いくつかのアセンションの法則はあります。

ぜひ一人でも多くの皆さんが、真のアセンションに突入してほしいと願っています！

どこへも行く必要はないのです。宇宙で最もスピードが速いのは、「意識」なのです。

瞬時に、宇宙の反対側まで行けるのですから！

そして、アセンションは無限の進化ですが、宇宙共通の、いくつかのゴールもあります。何人かの人たちがすでに体験しているように、その時には、そこへ到達したということを、明確に実感することでしょう！


何よりも重要なのは、一人ひとりのアセンションそのものが、究極の「ライトワーク」だということです。そのエネルギーの総体が、地球のアセンションとなり、その「座標」を決めていくのです。


皆さんのハイアーセルフ連合＝未来セルフ連合を含む、すべての高次が描くヴィジョン、青写真はあります。

でも、既成概念にこだわらず、中今で輝く毎瞬、毎瞬を選択し、創造していくことが重要であると思います。ですから、ここでは未来の情報についてはあまり述べません。


しかし、アセンションした新しい超宇宙はすでに、始まっています！！！　皆さんの究極のハイアーセルフは、それを知っています。なぜなら、その創造に参加しているからです。

その新（真・神）宇宙は始まったばかりで、それをどのような素晴らしい世界にしていくかということも、参加者が皆で協働創造していくことです。

想像しうる限りの素晴らしい世界。

それが、「弥勒の世」と呼ばれているものなのです。
そしてそれが、真のシリウス・ミッション、シリウス・プロジェクトでもあるのです。
地球と人類全体が、それにどう関わっていくかは、「地球アセンション号」の乗組員次第です。
地球と一人ひとりの人類、特に「日本」（ひのもと）に住む人たちは、そうしたミッションプロジェクトにおいて、本来、とても重要な役割があります。

その他、地球のアセンションに向けて集合意識が選択しているストーリーについて、UMMACさんのチャンネルではいかがですか？

U：地球の変化に関してですが、現在のすべての流れは、ここの宇宙と地球の次元上昇の一環であり、真の意味でのすべての統合であると思います。自己と全体、宇宙史とその成果など、自己と全体の高次の統合＝ワンネスに向かった動きであると思います。

社会に関してですが、今まで二元性・分離・競争をベースにした生き方をしてきた人々は、このままでは辛くなってくるでしょう。自己の波動がアセンションする人類・地球の波動と合わなくなってくるからです。極めて自然な流れで、統合を目指した生き方、自分・他人の区別がない生き方を選択していく人が増えていくと思われます。

今回の地球におけるアセンションを達成した人、地球と宇宙のアセンション・プロジェクトに参加していく人は、地球に残り、地球といっしょに（アセンション新宇宙NMCへ向かって）さらに次元上昇していくと思われます。

一方、もっと時間をかけて学びたいと思う人は、銀河連邦等が火星等のテラフォーミング（人の住めない惑星を、人工的に地球に似た環境に造り変えること）を進めていますので、これまでの地球の環境に近いそうした惑星（金星も含めて）へ移動していくという選択肢もあるようです。

そして、宇宙の高次から地球へ来たアセンション・ライトワーカーは、いったん、シリウス、プレアデス、オリオン、ベガ、リラなどの故郷へ帰る場合もあるようです。

A：UMMACさんは、アセンション・ライトワーカーを志した当初から、「ソフトランディング」、すなわち地球が、大災害や大変動なしにアセンションすることに強くフォーカスしていましたね！

それは、自己の永遠のハイアーセルフの願いでもあるからです。その願いが強いから、ライトワーカーになったとも言える。それゆえに、ここまでアセンションが進んできたとも言えます。いずれにしろ、全ハイアーセルフと全高次の願いですね！

そしてそれを実現するかどうかは、常に中今の我々一人ひとりと全体にかかっている訳です。

他方、「平和」「ソフトランディング」という意味は、立場やレベルによって色々でもあります。重要なのは、宇宙規模の視野であると思います。これからの毎瞬の協働創造の結果が、UMMACさんと高次が願うものになるとよいですね！

U：神界の創始の願いでもある、とAi先生もおっしゃっていましたね。

A：そうです。それが「親（神）の心」であると思います。最終・最大の宇宙、地球アセンションですから！

U：Ai先生、今回は本当にありがとうございました！

A：また飲みましょう！！（笑）

付録1

スシュムナーのクリスタル化について

スピリチュアル・ハイラーキー　サナート・クマラ
（UMMAC記、A.i先生監修）

はじめに

ここで述べる「背骨（スシュムナー管）のクリスタル化のイニシエーション」とは、これまでに惑星地球で行われたイニシエーションの中では最大規模のものです。

これまでの長い地球史の中でも、ほとんど行われていませんでした。

何故なら、このイニシエーションとライトワークのレベルは、アセンディッド・マスター方、その中でも、地球とシリウスのハイラーキーの長、サナート・クマラのレベルのものであるからです。

しかし現在の地球・宇宙の最終・最大のアセンション・シーンにおいて、アセンションとは、アセンディッド・マスター方、スピリチュアル・ハイラーキーと一体化していくものでもあり、サポートしていくものでもあります。

地球における真のアセンションとは、地球のアセンションをサポートする、ということでもあります。サナート・クマラと地球へのサポートが重要です。

さらに、今回の地球・宇宙の最終、最大のアセンションの時期においては、このワークは、まさに特別なものとなります。

何故なら、今回のアセンションは、一人ひとりと、地球、宇宙、その宇宙史の総合・統合であり、すべての成果を持ってさらなる上の周期のアセンション新宇宙（NMC）へ向かうためのものであるからです！

ですから、そのための愛と光と叡智のエネルギーは、一なる至高の根源神界からやってきます。

宇宙の創始より、初めてその根源のゲイトが開くというイベントなのです！

それが、真の『天の岩戸開き』であり、アセンションのスターゲイトなのです！

そして、その唯一最大のポータルは、皆さん一人ひとりのハートと魂の中心にあることを知ってください！！！

我々はそのポータルの中心において、常に皆さんとともに在ります！

では、今回のアセンションにおいて不可欠な、エネルギー・センター（チャクラ）の活性化、背骨のクリスタル管（スシュムナー）の活性化について、お話をしていきましょう！

本書をお読みになった皆さんはお気づきのことと思いますが、それらの活性化とはすなわち、惑星地球の活性化なのです！

宇宙には、何ひとつとして、単独で存在しているものはありません！
あらゆるすべてが、一なる至高の根源神界に源を発する、愛と光と生命の、有機的なネットワークなのです！

ですから、惑星地球と宇宙につながるエネルギー・センター、そして自己のトップ&コアであるハートと魂のゲイトを活性化させた時、あなた方は自己と地球、そして宇宙のアセンションのコ・クリエーション（協働創造）に真に参加したことを知るでしょう！！！
エネルギー・センター（チャクラ）、そしてその中心であるハートと魂の活性化は、アセンションにおいて不可欠です。

また、アセンションの入門・初期の段階で、最初に必要なことが、エネルギー・センター（チャクラ）の活性化です。
なぜならそれが、物理次元と、非物理次元とのコミュニケーションの最初のゲイトであるからです！

さて、地球史が始まって以来ずっと、宇宙の普遍の進化であるこうした内容は、我々スピリチュアル・ハイラーキーが司る高次のアカデミーと神殿の奥の院で、熱心に行われてきたものです。

ですから、その習得、体得のためには、我々スピリチュアル・ハイラーキーと真に一体化し、繊細で入念な指導ができる地上のファシリテーターが必要です。

なぜなら、ヨガでの学びと同じように、適切な準備と指導が無いと、危険なものともなりえるからです。

アセンションとは、【愛に始まり、愛に終る】と言うように、すべてはそこに集約されていきます！

つまり、人々、地球のアセンションに役立ちたいという気持が少しでもあれば、必ず、すべてのアセンションのゲイトは開いていきます！！！

人々と地球のアセンションに奉仕したい、真のアセンション・スターゲイトを開きたいと願うアセンション・ライトワーカーの輝ける卵たちは、その訓練とアセンションのコ・クリエーションを、我々のポータルである地上のアカデミー、及びファシリテーターたちと正式に行ってください！

これは、そのための入門、ガイドとなる資料です。

スシュムナーとチャクラについて

スシュムナー管とは、脊柱の中心を通るエネルギー管であり、各チャクラと接続しています。

そこを通るエネルギーは物理次元のものではなく、高次のエネルギーですから、肉眼では見えません。


また、「スシュムナーのクリスタル化」とは、スシュムナー管が物理的にクリスタルになるという訳ではありません。エネルギー、働きとして、クリスタル化していくということです。

スシュムナー管がクリスタル化すると、莫大なエネルギーを通すことが可能となります。

各チャクラが活性化しますとスシュムナー管もクリスタル化しますし、スシュムナー管がクリスタル化しますとチャクラもますます活性化するという相補関係となっています。


各チャクラは、それぞれが単独で働くポータルでもあり、連動もします。

各チャクラの活性化の秘密は、ハート・センターにあります！　ハート・センターが活性化すると、すべてのチャクラも活性化していきます。

各チャクラのエネルギーを結びつけるのが「スシュムナー管」であり、各チャクラにエネルギーを供給するのもスシュムナー管であると言えます。

イメージとしては、ひとつの建物の各階がチャクラで、各階を結び付けるエレベーター・シャフトがスシュムナーであると考えると分かりやすいでしょう！　このエレベーター・シャフトを使わないと、他の階へ行くことができないのです。

さて、もう少し「スシュムナー管」について観ていきましょう！　前述のように、チャクラとスシュムナー管は、密接な関係にあります。チャクラを球体のエネルギーとして観ると、スシュムナーは、縦軸のエネルギーとして観ることができます。

チャクラの基礎についてご存じの方はお分かりのように、七つのチャクラのすべてが活性化し、そのエネルギーが統合されると、『白』になります！

実は、このすべてを統合した『白』の光のエネルギーが、スシュムナー管を通るエネルギーなのです！

そしてこれは、ヨガで古来から言われる「クンダリーニの上昇」のエネルギーとも同じです。クンダリーニとは、生命エネルギーの本源です。それが、各チャクラのエネルギーを統合したものなのです。各チャクラがすべて活性化し、統合した時に発生するエネルギーであり、上昇するエネルギーなのです。そう、すなわちそれが、「アセンション」のエネルギーなのです！

では、その「生命エネルギーの本源」とは何でしょうか？　七つの光、各チャクラを統合したもの。そう、皆さんに最も身近で分かりやすい所で言うと、『太陽』です！　太陽光が、七つの光、虹の色に分かれる前の本源ですね！

さて、この『生命の本源』のエネルギーは、今回の最終・最大のアセンションの場合には、これまでの地球での進化史のように、下から昇るものではなくなります！　地球の進化史で言うクンダリーニとは、「上昇」という意味があります。

しかし今回は、上から降りてくるものとなります！

厳密には、その両方です！　それは、次の図のようなエネルギーとなります。

※この図は、中今先生のアドバイスで加筆されたものであり、マル秘の宇宙形象図になっています。

地上セルフの準備が十分に整った時に、「それ」は起こります！

そしてすべては、「同時」に起こります！

下から、地上セルフから、地球から、すべてを統合し、根源へ上昇していくエネルギー！

そして、自己の根源とすべての高次から、降りてくるエネルギー！


その『本質』は、一つなのです！！！

それが、『生命の本源』のエネルギーなのです！

その両者の常なる中心が、自己のトップ&コア。ハートと魂の中心となります！

これが、普遍的な、そして究極のアセンションの形なのです。


そして古来より、我々が指揮するアカデミーでは、シンボルとして使われてきたものです。

＊スピリチュアルな人々は、現在の地球・宇宙の最終・最大アセンションをサポートし、コ・クリエーションすることを明確に意図して、今回は宇宙から地球に入ってきているケースが多いです。
そのための準備をすでに宇宙で行ってきているので、潜在的に各エネルギー・センターが活性化していると言えます。

それを正しい方法と指導の元、早期に発動、発現させることが重要であるとともに、前述のように各エネルギー・センターが潜在的に活性化してきていることから、いわゆる「クンダリーニ」の発現、上昇は、UMMACのケースのように、「高次から降りてくるもの」として体感されることが多いでしょう！

そのエネルギーは、まさに自己の本源のものですから、とても自然、かつ、莫大な光のエネルギーの洪水となって、体感されるでしょう！！！

まとめ

では、ここまでの内容をまとめてみましょう！

「スシュムナーのクリスタル化」のイニシエーションを受けるためには、チャクラの基礎について学んでいることと、各チャクラがある程度活性化していることが必要です。

そして、各チャクラの活性化と自己のトップ&コア＝ハイアーセルフとのコンタクトについては、創始は一なる根源のアインソフに元を発し、ハイラーキーのアカデミーと神殿で連綿と伝えられてきた、あるツールが最も有効です。

それが最も本質で、最短距離のものとなります。

ただし、これは単なるツールではなく、「高次のネットワークと連動したもの」となっています。

それらにより、地上と高次の準備が整った時に、今回の地球におけるアセンションのハイライトとなる、「スシュムナーのクリスタル化」のイニシエーションが起こります。


今回の地球・宇宙の最終、最大のアセンションとは、一なる至高の根源を目指すものです。

そして、あらゆる存在の真の故郷であるそこを通って、次の周期の、新しいアセンション大宇宙へとシフトし、新しい創造を始めることです。


これまでの地球史におけるアセンション（進化）とは、神智学の学徒は知っているように、この地球圏内、もしくは最も遠くても、シリウス領域までのものでした。


今回は、全く違うのです！！！

今回は、まずは惑星地球で行える最大のアセンションを目指すものとなります。

それが、『スシュムナーのクリスタル化』のイニシエーションなのです！

これだけでも、これまでの地球史においては最高峰のものであり、目的地であったのです。

真なるアセンションとは、とても高度なものであり、無限に深遠なものなのです！


ですが、「道は【愛】から始まる！」ですから、心配しないでください！

この地球規模のアセンションを遂げると、次のステージは、太陽系レベル、銀河レベル、宇宙レベルとなっていきます！

皆さんという存在の本源が、遥かなる宇宙の創始に始めた旅を、ふたたび戻っていく行程であると言えるのです。


まず、惑星レベルのアセンションの奥義となるのは、「惑星との一体化」です。

人という存在の究極の姿は、宇宙、惑星の全きミクロコスモスであり、ひな形なのです。

あなた方のエネルギー・センター（チャクラ）の総体が、地球のチャクラなのです。

あなた方のチャクラの活性化は、地球のチャクラの活性化となるのです。


そして、地球のチャクラとつながるということは、私（サナート・クマラ）、そして地球神とつながる、ということなのです！

背骨（スシュムナー）は、一なる根源の光（フォトン）の通路です。
そして、人体という神殿、ピラミッドの「シャフト」なのです。
七つの光が燈った時、そのシャフトが起動します。

その時にあなた方は、次のステージである、太陽系レベルのアセンションへと移行するのです。

このイニシエーションは、地球ハイラーキーの長であるサナート・クマラを中心とし、地球、太陽系、そして宇宙のすべてのアセンディッド・マスター、銀河連合、宇宙連合、そして神界の協力の元で行われます。

スピリチュアル・ハイラーキー　サナート・クマラ

＊UMMAC註
このイニシエーションは、今回の特別なアセンションのためのものであり、最新のものです。

これについてはまだ本での一般公開が認められていませんので、ご関心がある方は、ＵＭＭＡＣまでご連絡ください。

ＵＭＭＡＣ　Ｅメール：info@nmcaa-ummac.jp

◎アセンションとスターゲイトの本格オープンについてご関心がある方は、アカデミーのホームページをご覧の上、お問い合わせください！

ＮＭＣＡＡ（ニュー マクロ コスモス アセンション アカデミー）のホームページ：

http://nmcaa.jp/

付録2

地球瞑想――自己と地球のチャクラ活性化ワーク

UMMAC

はじめに

このワークは、スシュムナーのクリスタル化伝授と同時にサナート・クマラから受信したものです。今回のアセンションのための、最新の内容となっています！

意　義

宇宙連合が言うように、エネルギーとは一方通行ではありません。それは「両想い」のものであると言えます！

自己と地球、宇宙、そしてハイアーセルフ、高次との関係性も、「恋愛」のようなものであるのです。自己のアセンションとは地球のアセンションであり、地球のアセンションとは自己のアセンションなのです。

そこで、自己と地球が一体化し、エネルギーを活性化していくことはとても重要です。特に地球の地軸をエネルギー的に支えるということは、これまでは宇宙連合をはじめ、宇宙レベルのマスター界の主な仕事となっていましたので、それをサポートするという大切な意義があります。

この「地球瞑想」は、本格的にアセンションとハイラーキーに参入する前の段階でも行えるものですし、そのための準備ともなるものです。ぜひ活用してください！

目　的

地球とエネルギー的に一体となり、地球及び自己の双方のエネルギー・センター（チャクラ）の活性化を行います。その結果として、自己、地球集合意識全体、そして地球そのもののアセンションのサポートとなり、その調整、調和、推進力となります。

資　格

スシュムナーのクリスタル化とは違い、地上セルフが望めば、どなたでも行うことが可能です。
（しかしその効果は、意識の大きさ、エネルギー、アセンションの度合いと比例します）。

方　法

1．まず地球を目の前にイメージします。自分の身長と同じくらいがよいでしょう。イメージはできるだけリアルにしてください！　私の方法を例にあげますと、宇宙から撮った地球の青、白、茶色が入り混じった写真を思い浮かべるとやりやすいです。

その地球を、ゆっくりと自転させてください。

2．次の図の基底のチャクラから順に、自己・地球・太陽・銀河の各エネルギー・センターを白いコードでつなげていきます。地球のチャクラは、人体のように地軸に沿って並んでいるイメージでもいいですし、中心から放射状に七つの光が伸びている感じでもいいです。図の数字は、中今・最新の各次元と、その数霊を表します。

＊図は、これまでの地球史における七つのチャクラと異なっていることに注意してください！第4のハートと第5の魂は、二つとも自己と地球の「中心」に対応します。第4が神殿の門であり、第5がその神殿であるとイメージするといいです。これは、ハイラーキーとアカデミーによる最新のものであり、現在のアセンションに必要な【鍵】であり、奥義となっているものです！

チャクラ	自己	地球
基底	1	1
丹田	2	2
太陽神経叢	3	3
ハート	4	4
魂 — セントラルサン	5	5
スロート	6	6
アジナー	7	7
頭頂（太陽）	8	8
銀河の中心	9	9

1．基底　（赤）

2．丹田　（オレンジ）

3．太陽神経叢　（黄色）

4．ハート　（エメラルド・グリーン、ピンク、金色）

5．魂——セントラルサン　（自己と地球の中心）　（白、金色）

6．スロート（喉）　（シリウス）　（青）

7．アジナー（額）　（サナート・クマラ）　（紫）

8．頭頂、頭上（クラウン）　（太陽神界へのゲイト）　（白、金色）

9．ここの銀河、宇宙の中心

＊ () の色彩は、人によって違いがありますので、参考としてください。

＊第8のクラウン、太陽神界以上のレベルは、第1から第7までができてから進むほうが望ましいです。

私の場合、第7まででも一時間ほどかかります。この時点では、まだ上からのエネルギーは降ろさないでください。

3．自身のチャクラと地球のチャクラがつながった時点で、体に振動や揺れを感じる場合がありますが、慌てないでください。これは地球の地軸の振動や、揺れです。肉体の変調ではありません。この揺れは、ワーク終了後に消失します。

＊一つひとつのエネルギーをつなげるときは、自身のチャクラからコードが伸びていき、地球のチャクラとしっかり接続している様子をイメージしてください。敏感な人はこの時点で、何らかのエネルギーを感じるかもしれません。

4．第1から第9までのエネルギーがすべてつながった段階で初めて、高次からのエネルギーを流入させます！　皆さんが行うこのワークにおいては、そのエネルギーが、自らがベストと感じるものであれば何でもOKです。一なる根源からのエネルギー、神界のエネルギー、宇宙の中心のエネルギー、スターのエネルギー、大天使のエネルギー、何でもOKです。このワークは、それらのすべてのネットワークがサポートしています！

そしてそのエネルギーを、頭頂からスシュムナー（背骨）を通って、ハートセンターと魂を中心として、各チャクラに流入させてください！

5．次にそのエネルギーを、地球とつながっている白いコードを通して、地球に贈ってください！

その時に感じるさまざまなエネルギーやヴィジョンについて、日々、記録してください！

6．どのようなことを感じるのか？

色々あると思いますが、たくさんのエネルギーが集まってきている状態ですので、私の場合は、拍動感、熱感、ビリビリとしびれるような感じがします

自己と地球のチャクラは、このワークで活性化しますので、それをヴィジョン、映像としてイメージし、観ることが重要であり、コツです。私の場合は、例えば基底のチャクラであれば、真っ赤に燃えたぎって沸き上がるイメージとか、ハートセンターであれば、エメラルドグリーンの光がク

リスタルの光と入り混じり、周囲に放射しているイメージなどです。

4D以上の世界は、エネルギーの世界です。意識の世界です。ですから、「イマジネーション」=想像は、創造となるのです!!!

さらに、息を吸う時に宇宙のエネルギーを取り入れ、息を吐く時に自己のチャクラから白いコードを通し、地球にエネルギーを流すようにするのも効果があります。

7. 十分に自己と地球のチャクラの活性化を感じたら、終了とします。

そして、サポートしてくれた宇宙、地球のすべての高次と、サナート・クマラ、そして自己のハイアーセルフに感謝して終わります。

中今悠天（白峰）先生からの、中今最新メッセージ！

地球霊王直門、弘観道第四十七代当主、地球維新・新生イルミナティーの太陽の騎士、世界最先端の意識工学（コンシェントロジー）に基づく環境意識行動学の大家であり、医学博士の中今（白峰）先生から、本書の刊行にあたって書面でメッセージをいただきましたので、お贈りいたします！

＊この内容は、私ＵＭＭＡＣがＡ.ｉ先生を通し、または直接、弘観道白峰先生より、酒を酌み交わしながら、あるいは眠っている時、そして二十四時間、エネルギー的にも多大なサポートを贈られながら、伝授していただいた内容でもあります。

一、近代医学の常識を覆えせ！　分子矯正医学（＊）を理解せよ！　（三石巌理論）

二、病気ではなく、人を癒せる医師（維志）であれ！

――――上医は国を癒し、中医は人を癒し、下医は病を癒す。

三、酒を飲み、汗を流して、夢を語る人であれ！

＊分子矯正医学……体が正常に機能するよう、体内の分子濃度を調整する医学

「百人一首」

――すなわちそれが中今精神である！

＊「百人一首」とは
一人ひとりが、時元上昇、「百一匹目の猿現象」を起こせる存在であること！
カルトやオタクではなく、至誠を以って、今を生きる。（アブストラクトと伴に）

――事実は、小説より奇なり

天下御免

謝辞（則天去私）

本書の出版の機会を与えてくださいました、諸天善神、Ａｉ先生、ならびに白峰（中今悠天）先生、そして明窓出版の麻生編集長に、心より御礼申し上げます！

ＵＭＭＡＣより。そして宇宙ヤタガラス一門として！

シリウス・プロジェクトは、まだまだ続きます！

それは日々・毎瞬、進化しており、現在は、アンドロメダ、新アインソフを超えて、遥かなる創始の根源神界までつながっています！

シリウス・スターゲイトは、あなたを、創始であり、究極の未来である、一なる根源までナビゲートしていくことでしょう！！！

皇紀二六七〇年（平成二十二年）九月九日

ＵＭＭＡＣより　　愛と光と感謝をこめて

◎著者プロフィール◎

太日　晃（おおひ あきら）ＵＭＭＡＣ（ウンマック）
「シリウス皇統第26代」（中今先生より知らされた位です）

現役の内科医師。
Ａｉ先生の元で、中今最新のアセンションについて学び、ライトワークを実践する一方、謎の国家風水師Ｎ氏こと、医学博士の中今（白峰）先生のアドバイスに基づき、アセンションと高次の統合医療センター、ライトワーカーの主治医を目指す。
いやしろ　―― 内科・統合医療
ホームページ　http:// nmcaa-ummac.jp
Ｅメール　info@nmcaa-ummac.jp

ＮＭＣＡＡアセンション・アカデミー　インストラクター１期生。

地球ハイラーキーによる「スシュムナーのクリスタル化」イニシエーションファシリテーター。

◎本書のご感想、「スシュムナーのクリスタル化」のお問合わせ等は、
右記へＥメールでお送りください。　info@nmcaa-ummac.jp

◎ＮＭＣＡＡアセンション・アカデミー本部へのご参加のお問い合わせ等は、下記のホームページをご覧の上、Ｅメールでお送りください。

ＮＭＣＡＡ 本部公式ホームページ http://nmcaa.jp

◎パソコンをお持ちでない方は、下記へ資料請求のお葉書をお送りください。
〒６６３－８７９９
日本郵便　西宮東支局留　ＮＭＣＡＡ本部事務局宛

天の岩戸開き—アセンション・スターゲイト

アセンション・ファシリテーター　Ai《アイ》

いま、日の元の一なる根源が動き出しています。スピリチュアル・ハイラーキーが説く宇宙における意識の進化（アセンション）とは？　永遠の中今を実感する時、アセンション・スターゲイトが開かれる！

上にあるがごとく下にも。内にあるがごとく外にも。根源太陽をあらわす天照皇太神を中心としたレイラインとエネルギー・ネットワークが、本格的に始動！

（読者様からの感想文より）
「本を持つだけで高い波動が感じられます。日本人のDNAに刻まれた原初、太古の記憶を呼び覚ます鍵がこの本にはあります。すべての人に一度はこの本を手にとって心に感じるものに耳をすませて欲しいです。そこから『真のアセンションとは？』と自身の内なる光に問いかけてみて、その人だけの大切なメッセージを受け取って欲しいです。

　この本は本当の意味でのアセンションとは一体どういう事なのか改めて深く考え、知ることができます。そして人類すべての最も普遍的で根源的な、存在そのものの核心について　探求できる道しるべであると思います」

「本当の真実は、最後に明かされる。この本を読んで、そう感じました。なぜ日本なのか、なぜ日本人なのか？　そこにどんな奥義が隠されているのか？大和とは、神界とは？　真の真実を知り、究極のアセンションスターゲートをくぐりたい方には、一読されることをおすすめします」

定価2100円

シリウスの太陽《たいよう》

〜超《ちょう》アセンション宇宙《うちゅう》へのスターゲイト〜

太日《おおひ》　晃《あきら》

明窓出版

平成二十二年十月十日初　版発行
平成二十四年三月一日第三刷発行

発行者 —— 増本　利博
発行所 —— 明窓出版株式会社
〒一六四—〇〇一二
東京都中野区本町六—二七—一三
電話　（〇三）三三八〇—八三〇三
ＦＡＸ（〇三）三三八〇—六四二四
振替　〇〇一六〇—一—一九二七六六
印刷所 —— 株式会社　ダイトー

落丁・乱丁はお取り替えいたします。
定価はカバーに表示してあります。

ISBN978-4-89634-268-0

ホームページ http://meisou.com

続　2012年　地球人類進化論

白　峰

新作「アインソフ」「2008年番外編」「福禄寿・金運と健康運」および既刊「地球大改革と世界の盟主」「風水国家百年の計」「日月地神示　「宇宙戦争」「地球維新・ガイアの夜明け前」「新説2012年地球人類進化論」ダイジェスト版。地球環境や、社会現象の変化の速度が速い今だからこそ、情報ではなく智慧として魂の中に残る内容です。

地球シミュレーターが未来を予測する／ハリウッド映画の今後／忍者ローンことサブプライム／期待されるＮＥＳＡＲＡ法の施行／アセンション最新情報／意識を高めさせる食とは／太陽・月の今／聖徳太子、大本教、日蓮上人が語ること／ロックフェラーからのメッセージ／呉子の伝承／金運と健康運、そして美容の秘伝／将来のために大切なこと／福禄寿の優先順位とは／日本の経済、アメリカの経済／金運をアップする　／健康になる秘術／これからの地球の変化／アインソフとは／宇宙の成り立ちとは／マルチョンマークの違いについて／不都合な真実は未だある／イベントは本当に起こるのか／ＮＥＳＡＲＡと地球維新／ソクラテスからのメッセージ／多次元社会と２０１２年以降の世界／アインソフ・永遠の中今に生きてこそ／ＬＯＨＡＳの神髄とは（他重要情報多数）

定価2000円

新説　2012年　地球人類進化論

白　峰・中丸　薫共著

地球にとって大切な一つの「鐘」が鳴る「時」2012年。

この星始まって以来の、一大イベントが起こる！！

太陽系の新しい進化に伴い、天（宇宙）と、地（地球）と、地底（テロス）が繋がり、最終ユートピアが建設されようとしている。

未知との遭遇、宇宙意識とのコミュニケーションの後、国連に変わって世界をリードするのは一体……？

そして三つの封印が解かれる時、ライトワーカー・日本人の集合意識が世界を変える！


闇の権力の今／オリンピアンによって進められる人口問題解決法とは／ＩＭＦの真の計画／２０１２年までのプログラム／光の体験により得られた真実／日本人としてこれから準備できる事／９１１、アメリカ政府は何をしたのか／宇宙連合と共に作る地球の未来／縁は過去世から繋がっている／光の叡智　ジャパン「ＡＺ」オンリーワン／国家間のパワーバランスとは／サナンダ（キリスト意識）のＡＺ／五色人と光の一族／これからの世界戦略のテーマ／輝く光の命～日本の天命を知る／２０１２年以降に始まる多次元の世界／サイデンスティッカー博士の遺言／その時までにすべき事／オスカー・マゴッチのＵＦＯの旅／地底に住む人々／心の設計図を開く／松下幸之助氏の過去世／魂の先祖といわれる兄弟たち／タイムマシンとウイングメーカー／その時は必然に訪れる（他重要情報多数）　定価2000円

風水国家百年の計　　光悠白峰

風水学の原点とは、観光なり。

観光は、その土地に住んでいる人々が自分の地域を誇り、その姿に、外から 来た人々が憧れる、つまり、「誇り」と「あこがれ」が環流するエネルギーが、地域を活性化するところに原点があります。風水学とは、地域活性化の要の役割があります。そして地球環境を変える働きもあります。（観光とは、光を観ること）

2012年以降、地球人類すべてが光を観る時代が訪れます。

◎ 風水国家百年の計

国家鎮護、風水国防論／万世一系ＸＹ理論／徳川四百年、江戸の限界と臨界。皇室は京都に遷都された／大地震とは宏観現象、太陽フレアと月の磁力／人口現象とマッカーサー支配、五千万人と１５パーセント／青少年犯罪と自殺者、共時性の変成磁場か？／気脈で起きる人工地震、大型台風とハリケーン／６６６の波動と、色彩填補意思時録、ハーブ現象とコンピューター／風水学からみた日本崩壊？

◎ 宇宙創造主 VS 地球霊王の密約（ＯＫ牧場）

地球人を管理する「宇宙存在」／「クオンタム・ワン」システムと繋がる６６６／変容をうながす、電脳社会／近未来のアセンションに向けて作られたエネルギーシステム／炭素系から珪素系へ――光り輝く存在とは（他重要情報多数）

定価1000円

地球大改革と世界の盟主

～フォトン＆アセンション&ミロクの世～

白峰由鵬

今の世の中あらゆる分野で、進化と成長が止まっているように見える。

されど芥川竜之介の小説「蜘蛛の糸」ではないけれど、一本の光の糸が今、地球人類に降ろされている。
それは科学者の世界では、フォトン・ベルトの影響と呼ばれ、それは宗教家の世界では、千年王国とかミロクの世と呼ばれ、それは精神世界では、アセンション（次元上昇）と呼ばれている。

そしてそれらは、宇宙、特に太陽フレア（太陽の大気にあたるコロナで起きる爆発現象）や火星大接近、そしてニビルとして人類の前に問題を投げかけてきて、その現象として地球の大異変（環境問題）が取り上げられている。

ＮＡＳＡとニビル情報／ニビルが人類に与えた問題／ニビルの真相とその役割／フォトンエネルギーを発達させた地球自身の意思とは／現実ただ今の地球とは／予言されていた二十一世紀の真実のドラマ／人類の未来を予言するサイクロトン共振理論／未来小説（他重要情報多数）

定価1000円

「地球維新 vol. 3 ナチュラル・アセンション」

白峰由鵬／中山太蔣　共著

「地球大改革と世界の盟主」の著者、別名「謎の風水師N氏」白峰氏と、「麻ことのはなし」著者中山氏による、地球の次元上昇について。2012年、地球はどうなるのか。またそれまでに、私たちができることはなにか。

第１章　中今《なかいま》と大麻とアセンション（白峰由鵬）

２０１２年、アセンション（次元上昇）の刻《とき》迫る。文明的に行き詰まったプレアデスを救い、宇宙全体を救うためにも、水の惑星地球に住むわれわれは、大進化を遂げる役割を担う。そのために、日本伝統の大麻の文化を取り戻し、中今を大切に生きる……。

第２章　大麻と縄文意識（中山太蔣）

伊勢神宮で「大麻」といえばお守りのことを指すほど、日本の伝統文化と密接に結びついている麻。邪気を祓い、魔を退ける麻の力は、弓弦に使われたり結納に用いられたりして人々の心を慰めてきた。核爆発で汚染された環境を清め、重力を軽くする大麻の不思議について、第一人者中山氏が語る。

（他２章）

定価1360円

キリストとテンプル騎士団

スコットランドから見たダ・ヴィンチ・コードの世界

エハン・デラヴィ

今、「マトリックス」の世界から、「グノーシス」の世界へ
ダ・ヴィンチがいた秘伝研究グループ「グノーシス」とはなにか？
自分を知り、神を知り、高次元を体感して、キリストの宇宙意識を合理的に知るその方法とは？

これからの進化のストーリーを探る！！

キリストの知性を精神分析する／キリスト教の密教、グノーシス／仮想次元から脱出するために修行したエッセネ派／秘伝研究グループにいたダ・ヴィンチ／封印されたマグダラの教え／カール・ユング博士とグノーシス／これからの進化のストーリー／インターネットによるパラダイムシフト／内なる天国にフォーカスする／アヌンナキー宇宙船で降り立った偉大なる生命体／全てのイベントが予言されている「バイブルコード」／「グレートホワイト・ブラザーフット」（白色同胞団）／キリストの究極のシークレット／テンプル騎士団が守る「ロズリン聖堂」／アメリカの建国とフリーメーソンの関わり／「ライトボディ（光体）」を養成する／永遠に自分が存在する可能性／他

定価1300円